교사 선생 스승

K-교사
지음

교사 선생 스승

바른북스

시작하기 전에

  그저 그런 제목('교사, 선생, 스승'이라는 이름을 가진 책이 내가 쓴 책이었으면 하는 소망에 따라 이 책을 쓴다)에 이런저런 이야기를 쓸 테지만, 온전히 나만의 생각이라고 할 수는 없다. 이 글을 쓰면서도 많은 글을 읽고 배운다. 배우는 과정은 항상 남의 것을 내 것인 양하는 과정임을 잘 안다. 이것저것들이 쓰일 이 책은 새로운 생각이라기보다, 나를 키워준 텔레비전 프로그램, 수많은 만화책, 전공서적, 인터넷 게시글, 누군가의 이야기, 아름다운 풍경, 그리고 직업인으로서의 경험들이 어느 순간 툭 하고 튀어나와 쓰여져 있는 것뿐이다. 이 글들은 그저 누군가의 생각일 뿐, 반드시 이래야 한다는 것은 아니다. 한 가지 아쉬운 것은 이 글을 쓰며, 툭 하고 튀어나오는 책이 어떤 책인지, 이야기는 누구의 이야기였는지 정리하지 못하여 그저 글로 쓰이기만 할 뿐이라는 점이다. 만약 자신이 알고 있는 글귀나 장면, 상황이 나온다면 즐겁게 읽어주시면 좋겠다.
  이 글을 쓰고 있는 사람이 근무하는 곳은 고등학교다. 첫 발령을 고등학교로 받았고, 그 이후에도 쭉 고등학교에서만 근무했다. 그래서 초등학교, 중학교의 사정은 잘 알지 못한다.

이런(?) 종류의 책은 대체로 은퇴를 앞둔 분이거나, 은퇴를 하신 분이 주로 쓰시는데, 젊은 사람이(한 살이라도 더 어릴 때 써야지 하고 생각했다. 지금 나는 교육경력 10년을 조금 넘겼다. 많은 것 같기도 하고, 아닌 것 같기도 하고…) 쓰는 것도 하나쯤 있으면 좋겠다는 생각에 급하게 써 내려간 글이다. 누구나 비슷한 생각을 하고, 누구나 할 수 있는 이야기지만, 가끔씩 자신과 다른 생각이 나오면 즐겁게 받아주시면 좋겠다.

또, 이 글을 읽다가 '어? 이건 내 이야기인데? 이거 설마 그 쌤인가?' 하는 순간이 오더라도 저자가 누군지 안 밝혔으면 좋겠다(솔직히 이 책이 팔릴 확률은 높지 않은 것 같다). 내가 못나고 나쁜 사람이라 익명을 빌려 글을 쓰고 있는 것이니, 불쌍한 사람 하나 살린다는 셈 치고 그냥 넘어가자. 아니면 그냥 소설이라고 생각하고 읽었으면 좋겠다.

목차

시작하기 전에

1. 프롤로그

스승 10
선생 13
교사 16

2. 교사 이야기

교사가 되기 전 20
교사는 전문직인가? 26
   수업 전문가 31
   행정 전문가 50
   그래도 생활지도 62

교사가 하는 일: 아무도 모른다 71
   교사가 하는 일: 수업 73
   교사가 하는 일: 담임 89
   부서를 나누는 이유 102

3. 학교에서

가르치는 것	108
학교	112
평가와 성장	117
흔들리며 피는 꽃	122
선생 혹은 스승	125
교실에 학생이 '앉아' 있는 것	132
교권	137
결과물	150
안아주기	158
연기자	161
패러독스	165
회의	166
교육과정 함께 만들기	170
수학여행	180
공동체	185
고통, 고난, 역경, 인내 그리고 야자	192

4. 에필로그

입학식	198
졸업식	200

1. 프롤로그

스승

스승의 날, 마음을 가다듬고 교실 문 앞에 선다.

문을 열고 교실에 들어가 "스승의 은혜는 하늘 같아서"라고 노래를 부르기 시작하는 학생들을 보며 민망하다는 듯 고개를 숙여 본다.

세상에나, 노래가 바뀐다. 〈어머니의 마음〉.

〈스승의 은혜〉를 끝까지 부르지 못하는 아이들과 함께 "와아!" 하고 소리치며 급하게 마무리한다. 그래, 어머니의 마음이나 스승의 은혜나 같다는 마음이겠지 하고 넘어간다.

개학하고 만난 지 두 달이 조금 넘은 나에게 담임선생님이라며 카네이션을 주고 "스승의 날 축하드려요"라는 인사를 하는 학생들을 마주할 때면 민망하다. 해가 지날수록, 학생들이 주는 마음의 표시가 쌓여갈수록 더욱 민망해진다. 스승의 은혜는 하늘 같아서 우러러볼수록 높아만 진다는데, 만난 지 두 달 정도 지난 학생들에게 내가 어떤 은혜를 주기도 힘들 것이며, 설사 있다고 하더라도 우러러볼 만큼도 아닐 것이고, 점점 더 높아만 질 리도 없다.

스승의 날, 연락을 주는 졸업생들도 있다. 그제서야 내가 했던 일들에 대해 생각해 본다. 어른이 된 학생에게 나는 어떤 영향을 주었길래 스승의 날 축하드리고 감사하다는 이야기를 들을 수 있는 걸까? 그저 착한 학생이 착한 어른이 되고, 스쳐 지나간 인연을 잊지 않고 감사함을 표현한 것 아닐까? 나는 그 감사를 받을만한 자격이 있는 사람인가?

참되거라 바르거라 가르치는 사람이 스승이라면, 누구나 스승이 된다. 하지만, 가르치는 모든 사람을 스승이라고 할 수는 없을 것 같은 기분이 든다. 만약 스승이라고 불리는 조건이 있다면, 그 조건은 마음의 어버이가 되는 것일 테다. 학생들도 이 사실을 본능적으로 알고 있어서 스승의 은혜로 시작해 어머니 은혜로 노래가 끝나는 것 아닐까?

그런데 교사가 학생을 사랑하는 일은 생각보다 무척 어렵다. 스승이라면 당연히 학생을 사랑하겠지만, 교사가 학생을 얼마나 사랑하는지 확인할 수도 없고, 교사가 되는 과정에서는 학생을 사랑하는 방법을 배우지 않는다. 아니, 사람이 사람을 사랑하는 방법 자체를 배우지 않는다. 그저 가르치는 사람이라면 당연히 학생을 사랑할 것으로 생각한다. 교사가 학생을 사랑하는 것이 당연한 일이라면, 학교에서 학생들이 교사에게 받는 다양한 종류의 상처는 설명할 수가 없다.

그래서 내가 내린 결론은 간단하다. 교사와 스승은 서로 다른 존재다. 그리고 내가 가장 많이 듣는 나를 지칭하는 단어는 스승, 교사가 아닌 선생이다.

선생

"선생님~! 아침 드셨어요?"
"선생님. 공문 온 거 확인해 보세요. 내일까지 교육지원청에 보고해야 합니다"
"쌤. 오늘 수업 하지 말아요. 너무 피곤해요"

보통은 교사인 사람을 부를 때 다들 선생님 혹은 쌤이라고 부른다. 샘이라고 하면 어색한 것인지, 꼭 쌤이다. 교사가 되고 난 뒤 읽었던 어느 글 중 한 글귀가 머릿속을 자주 맴돈다. '아이들은 갈증을 느끼는지 항상 선생님을 샘으로 부른다. 아이들은 마음의 갈증을 해소해 줄 샘이 필요한 것인지도 모르겠다'와 비슷한 내용의 글이었는데 정확히 기억나지는 않는다. 그럴 때마다, '샘 아닌데, 쌤인데' 하고 속으로 생각해 본다. 이제는 아이들만 교사를 쌤이라고 하지 않는다. 교사가 교사를 부를 때에도 쌤이라고 부른다. 꼭 쌤이다. 왜 쌤인지 생각해 보다가 혼자서 결론을 내렸다. '선생'에 시옷이 두 개 들어가니 쌍시옷으로 붙여 부르나 보다.

'선생'이란 단어의 무게가 점차 무거워진 것인지, 아니면 내가 점점 '선생'에서 멀어지고 있는 것인지 도통 알 수 없다. 내가 아직 교직 경력이 얼마 되지 않았을 때(여전히 얼마 되지 않지만) 교직 경력이 20년은 족히 차이 날 선배 교사가 "선생들이 선생을 쌤이라고 부르지는 말아야지, 선생이란 말이 얼마나 길다고 그걸 한 글자로 줄여"라고 이야기하던 모습도 이제는 보이지 않는 것 같다.

"니가 그러고도 선생이야?"라는 말을 처음 들었을 때, 처음에는 당황했지만, 두 번째는 슬펐고, 세 번째는 '제가 생각해도 아닌 것 같습니다'라고 속으로 대답했다. 그렇게 반말을 하는 보호자(나는 학부모라는 표현보다 보호자라는 표현을 더 좋아한다)의 나이가 나보다 훨씬 많기도 했고 '선생'이 무엇인지 나도 잘 그려지지가 않았기 때문이다. 그저 나이가 많은 사람을 높여 부르는 말이어야 하는지, 가르치는 사람을 통틀어서 부르는 말이어야 하는지, 어떤 특정 조건을 갖추게 되면 '선생'이라고 부르는 것인지 알지 못했기 때문이다. 일단 "니가 선생이야?"라고 내뱉은 보호자(학부모)의 눈에는 내가 어떤 조건은 확실하게 갖추지 못했으니 함부로 말할 수 있었던 것일 테다. 내 나이가 상대적으로 어려서이든, 자기 자식을 감싸고 돌지 않아서이든, 어디엔가 화풀이를 해야만 하는 상황이든 간에 나는 '선생'의 조건을 알지 못했다. 여전히 잘 모르겠다.

　한 가지 확실한 것은 내가 학생들보다 먼저 태어났다는 것. 일단 '선생'이라는 말의 의미 자체는 갖추긴 했다. 하지만 나는 나를 '선생' 혹은 '선생님'이라고 표현하지 않는다. 나를 소개할 때면 언제나 '교사 누구'라고 소개한다.

교사

"안녕하세요! 교사 ○○○입니다. 오늘 안내해 드릴 공문은…"
"앞으로 한 학기 동안 XXXX 과목을 가르칠 교사 ○○○입니다"
"제 직업이요? 교사입니다"

 학교에서 학생들을 가르치는 사람을 교사라고 한다. 가르치는 과목에 따라 다양하게 나뉘어 있지만 모든 단어는 뒤에 나오는 게 핵심(붕어빵은 빵, 인간쓰레기는 쓰레기)이라는 생각에 따라 결국 모두 교사일 뿐이다. 한창 교사로서 자존감이 바닥을 치고 있을 때, 학원강사와 나의 차이가 무엇인지 알 수 없었다. 학원강사와 내가 가르치는 내용은 전혀 차이가 없었다. 학원강사는 교실에 있는 학생들 숫자보다 더 적은 숫자의 학생들을 만나기에, 더 적은 에너지로 관심 있게 학생을 바라봐 주고, 학생들은 배우고자 하는 의지가 더 단단할 것이라는 생각이 들었다. 학원강사와 교사를 나누는 기준은, 단순히 장소의 차이가 아닌가 하는 결론에 도달해 버리곤 했다. 힘든 쪽은 교사가 더 힘들고.

   교사로서의 자존감이 바닥을 칠 때마다 사범대를 다니던 대학교 4학년 시절, 높은 경쟁률, 적은 선발인원으로 재학 중인 학생 모두가, 교사가 되는 게 어려울 것 같다는 좌절감에 빠져 있을 때, 교수님이 하시던 말씀이 계속 맴돌곤 했다.

   "임용 시험에 합격해야만 교사가 되는 것이 아니다. 대학교 4년 과정을 마치고, 법으로 제정된 절차에 따라 졸업장과 함께 2급 정교사 자격증이 너희에게 주어지는 순간부터 너희는 이미 교사다"

   교사로서 자존감이 바닥을 치고 있을 때, 아무런 힘이 되지 않는 이 말씀이 계속 머릿속에 맴돌았던 이유는 아직도 알 수가 없다. 그저 인상 깊은 말이었을 수도 있고, 그때의 나에게 힘이 되었던 말이라 힘을 내고 싶어서인지도 모르겠다. 그래도 이 말씀이 떠오를 때마다, 내가 배웠던 것들을 되뇌어 본다. 교과 지식들, 교육학(학과 교수님들은 뵌 적이 없고 강사분들만 봤던 그 교육학), 교과교육론. 떠올려 봤자 도무지 힘이 나지 않았다.

   분명히 교사가 되기 위해서 많은 것들을 머릿속에 집어넣고 끄집어내는 연습도 하고, 수업 훈련도 하고, "이게 뭐지"라고 물어보면 척척 대답할 정도는 아니어도 짧은 고민 끝에 대답해 낼 수 있을 정도로 많이 알고 있다고 생각했는데, 도무지 힘은 나지 않았다.

'교사'도 학교에 다니던 시절의 나, 대학에 다니던 시절의 내가 생각했던 것과는 달랐던 탓일지도 모르겠다. 이 글은 여기서부터 시작한다. 스승도 모르겠고, 선생도 모르겠고, 심지어는 교사도 모르겠다고 생각하던 교사가 그동안의 경험을 바탕으로 학교에서 생활하며 생각한 이런저런 부분들을 써 내려간 글이다.

2.
교사 이야기

교사가 되기 전

"선생님이 되고 싶다"

"스승을 만난다"

"교사가 된다면 나는 어떤 교사가 되겠다"

언제부터 교사가 되고 싶었는지, 정확히 기억하는 교사들이 얼마나 될지는 모르겠다. 그래도 아마 다들 기억하지 않을까 한다. '아. 교사가 되어야겠다' 하고 마음먹은 순간, 그때의 감정을 여전히 간직하고 있는가와는 별개로 말이다. 각자 교사가 되고 싶다는 생각을 한 계기가 있을 것이고, 나 또한 교사가 되어야지 하고 생각한 계기는 여럿 있었다. 교사 되고 싶다고 마음먹기 전에는 과학자가 꿈이었다. 초등학교 2학년, 담임선생님이 환경미화를 위해 사진과 장래 희망을 적어내라고 하셨다. 내 사진 아래쪽 장래 희망에 과학자라고 어른이 적었던, 아마도 아버지께서 쓰셨던 글씨가 아직도 기억난다. 그때, 가장 존경하던 인물은 장영실이었다.

처음 교사가 되어야겠다고 마음먹었던 순간은 초등학교 5학년이었다. 초등학교 5학년 여름방학, 누구나 당할 수 있던 초등학생 대상 사기(집에 가서 책을 사면 게임기도 준다고 해라)에 낚여 집에는 아주 질 낮은 게임기와 책들이 배달되어 왔다. 책과 게임기는 꽤 큰 한 박스에 담겨 왔다. 책 위에는 영수증과 게임기가 같이 놓여 있었고, 가격이 총 얼마였는지 전혀 기억 나지 않지만, 61권의 책들이 배송되어 왔다는 것은 기억한다. 그렇게, 많이 비어 있던 내 책장도 두 칸을 가득 채우게 되었다. 가격이 꽤 비싼 탓이었는지, 꼭 모든 책을 다 읽으라는 어머니의 신신당부를 들었다. 그해 겨울쯤 되어 그 당부를 지켜가고 있었다. 친절하게 책 목록이 동봉되어 있었고, 책마다 번호가 매겨져 있어서 순서대로 읽었다. 뒷번호로 갈수록 표지가 두껍고 그림도 화려해져서 책의 질이 좋아 보였기 때문에, 뒷번호로 갈수록 어떤 책일지 기대하는 마음도 점점 커져갔다. 두 번째 칸 중간쯤의 책을 읽을 순서가 되었다. 그 책은 교사가 주인공이고, 교장이 나쁜 놈인 책이었다. 그때 뭐가 그리 좋았는지, 다음 책으로 넘어가지 않고 다시 한번 읽었다. 하루에 1권을 채 읽지 못했었는데, 그 책은 하루 만에 다 읽고, 다음 날도 읽고, 그다음 날도 읽었다. 처음엔 나쁜 놈이기만 하던 교장은 여러 번 읽다 보니 불쌍해 보이기도 했고, 어른이 되어 생각해 보니 교장이 나쁜 놈이 아니라 제멋대로 하는 교사가 민폐였구만 하고 생각이 들었다(학생이 양궁하고 싶다고 교장 허락 없이 운동장 한편에 비닐하우스 치는 교사를 누가 인정해 줄까?). 그 책의 모든 내용이 다 기억나는 것은 아니지만, 심지어 책 제목도 기억이 나지 않지만(교장선생님 성함은 변씨가 맞는 것 같다), 그때의 감정은 선명하게 남아 있다. 다시 기억을 되돌아볼 때마다 기쁨에 가득 찬 마음은 아직도 나를 설레게 한다. '교사가 되면 이런 기쁨을 가질 수 있구나! 아이들과 함께한다는 즐거움은 이런 거구나! 수업 시간에 선생님이 우리에게 보여주었던 미소는 이런 감정에서 나온 거였구나!' 하고 되돌아보게 된다. 5학년에서 6학년이 되는 겨울방학. 나는 선생님이 되고 싶다고 마음먹었다.

또 다른 순간은 조금 우울한 추억이다. 뉴스는 기업이 망했다는 이야기만 나오던 시절이 있었다. IMF가 뭔지도 모르고, 어느 기업이 망했다는 이야기는 나에게 다가오지 않지만, 당장 우리집 형편이 안 좋아졌다는 건 알게 된 시절이 있었다. 집안 사정으로 인해 이사를 다니고, 아는 사람이 없는 곳에서 학교생활을 하고, '그래도 친구들을 사귀고, 그래도 학교를 다니고 있다'는 생각을 하던 중학교 2학년. 어른의 눈에는 내 우울이 보였는지, 아니면 내가 하고 다니는 모습이 안쓰러웠는지, 담임선생님은 나를 겨울방학에 학교로 불러내셨다. 꾸준히 이야기를 나누었고, 나의 상황에 대해 이런저런 질문을 하시면서 과거의 이야기도 하고, 현재(그때 당시)

의 이야기도 하고, 미래의 이야기도 나누었다. 이야기를 나누고 집에 돌아가는 길에는 항상 감사함과 편안함을 느꼈다. 그 길이 다른 학생들에게 주머니에 있던 푼돈을 뺏기던 길이었어도, 지나가던 미친 사람이 소리를 치며 달려들던 길이었어도, 이야기를 나누고 집에 돌아가는 길은 편안했다. 감사하다고 생각했고, 잘해야겠다고 생각했다. 다시 한번 다짐했다. 집안 사정이 그다지 좋지 않지만, 어쩌면 고등학교는 실업계고로 가서 졸업하고 바로 돈을 버는 게 나을지도 모르지만, 그래도 할 수 있다면 선생님이 되면 좋겠다고 생각했다.

 결국 나는 인문계고로 진학했고, 주변 사람들에게 나의 상황을 솔직하게 이야기할 수 있는 사람이 되었다. 나는 누가 꿈이 뭐냐고 물어보면, 매번 교사가 되겠다고 이야기했다. 아버지만 자꾸 다른 직업을 추천해 주시고, 어떻게 하면 될 수 있는지 알아보라고 말씀하셨다. 아버지를 제외한 주변 모든 사람들은 "네가 아니면 누가 교사가 되겠니"라고 말했다. 고등학교 시절 가고 싶다고 이야기했던 교육과와는 다르지만 결국 나는 사범대에 진학하게 되었다.

 교사가 되기 전 거쳐야 하는 과정은 '교사가 되어야지' 하고 마음먹는 것과는 완전 별개의 것이었다. 사범대에 다니면서 배운 것들을 되돌아보아도 처음 교사가 되고 싶다고 마음먹었던 순간들과는 전혀 상관없는 것들을 배운다고 느꼈다. '교사니까 당연히 교육학을 배워야지. 그런데 뭔지 모르니까 당연히 개론을 들어야 하는 거 아닌가?'라고 생각했던 1학년의 나를 저주하며 재수강을 고민하는 3학년의 내가 있었다. 분명히 교육공학 시간인데, 초등학교·중학교 교사도 하시고(아직도 이해가 안 되는데 옛날에는 가능했겠지 하며, 납득하고 찾아보진 않았다), 초등학교 교장이 되어 위기가 닥친(?) 학생들을 급하게 체험 학습을 보낸 이야기를 듣고 있던 나를 되돌아보면, 교사가 되겠다고 마음먹었던 순간의 나와는 거리가 멀었다. 결국 어떤 방식으로든 교사가 되기 위해선 좋은 성적을 받아야 하고, 좋은 성적을 받기 위해선, 사람의 마음보다는 시험의 범위에 대해 정확히 알아야 했고, 시험 범위는 사람의 마음보다는 선명했다. 시험의 범위가 넓다고 해서 모든 것을 골고루 물어보는 것도 아니고, 넓은 범위 중에 이것 조금 저것 조금 나오는 방식이다 보니 어떻게 공부해야 할지 너무 막막했다. 그러나 결국 시험은 시험일 뿐이었고, 얼마나 간절하게 교사를 원하는가와는 별개로, 누군가는 선발인원 안에 들고, 나는 운이 좋았다. 여기까지가 교사가 되기 전의 이야기다.

교사가 되기 전 질문했던 '왜 교사가 되고 싶은데?'를 다시 되돌아본다.

"나도 이 소설책의 주인공처럼 아이들 편에서 생각하는 선생님이 되어야지"

"방학이라 아무도 학교에 나오지 않는데, 나 때문에 자신의 시간을 희생해 가며 아픈 나에게 도움을 주려는 선생님 같은 좋은 선생님이 되면 좋겠다"

"학교를 졸업하면 잔소리는 없겠구나. 잔소리는 고등학교까지만 있는 거였구나. 그렇다면 나는 마지막에 마지막까지 잔소리를 할 수 있는 사람이 되어야겠다"

과거의 나는 미래의 나를 꿈꾸었다.
지금의 나는 '어떤' 교사가 되었고, 무엇을 꿈꾸고 있는가?

교사는
전문직인가?

　학교에서 근무하는 교사들은 매해 교육과정 함께 만들기 기간이 되면, 어떤 업무를 담당할지 협의하고 결과에 따라 1년 동안 해당 업무를 담당하며 지내야 한다. 2월 중에 진행하는 교육과정 함께 만들기는 짧게는 3일, 길게는 1주일(지역마다 다를 수 있다) 정도의 기간으로 되어 있다. 이 기간이 나의 1년을 결정하기 때문에, 무척 신경 쓰이고 힘든 기간이다. 그래서 보통은 교사들이 학교나 지역 옮기기를 신청하는 기간 즈음, 내년에 무엇을 할 것인지 고민하기 시작한다. 결국에는 1년간 어떤 업무를 견뎌내고(…), 다시 새 학년도가 되고, 교육과정 함께 만들기 기간이 다가온다. 지난 1년 동안 했던 업무를 다시 담당하게 될 때도 있다. 하지만, 대체로 2년 정도 같은 업무를 담당했으면 순환하는 편이고, 그에 따라 업무가 바뀌면 새로운 업무에 적응해야 한다. 업무만 바뀌는 것은 아니다. 교육과정 함께 만들기 결과에 따라서, 내가 담당해야 하는 학년과 과목도 같이 바뀌는 경우가 많다. 1학년에서 3학년으로, 2학년에서 1학년으로 학년이 바뀌고 자연스럽게 담당하는 과목도 바뀌게 된다. 그럴 때면, 내가 하는 일을 잘한다는 게 무슨 의미가 있는지 생각하게 된다.

그때, 기억 속에서 천천히, 존경하는 대학교수님이 해주셨던 말이 자꾸 생각난다.

"교사는 전문직인가?"

"전문직이라고 부르려면 어떤 조건을 갖춰야 할까?"

우리가 흔히 전문직이라고 부르는 의사, 변호사(문과, 이과 대표 직업을 생각했을 때, 이 둘이 떠올랐다)를 생각해 보았을 때, 전문직의 가장 중요한 특징은 '대체 불가능성'이라고 생각한다. 의사를 변호사가 대체할 수 없고, 변호사가 의사를 대체할 수 없다. 전문적인 지식이 있을 것으로 생각하고, 전문적인 지식을 사용하기에 다른 사람들은 전문가의 일을 할 수 없다.

전문직의 또 다른 특징으로는 전문성을 갖추고 있다는 자격증이 발급된다. 의사, 변호사 모두 자격 면허가 있으며, 자격 면허를 받기 위해 어떤 능력을 갖추고 있는지 확인하는 절차를 거친다.

이 두 가지 측면을 고려하였을 때, 교사도 전문직이라고 할 수 있을지 가끔 의심이 든다. 일단 자격증은 확실히 나온다. 하지만,

나를 돌아볼 때마다 '자격증이 전문성을 대표하는 게 맞는가?' 하는 생각이 자주 든다. 내 생각과 상관없이, 대학교에서 자격에 적합한 교육을 하고, 교육을 완료하였는지 확인하고, 적정한 수준을 유지하였다고 생각하면 졸업장과 함께 2급 정교사 자격증을 부여한다. 그러니 전문성의 한 측면은 잘 갖추고 있다고 볼 수 있다.

그러나 내가 '교사는 전문직인가' 하고 의심하는 근본적인 원인은 '대체 불가능성'에 있다. 교사가 정말 대체 불가능한 직업인가에 대해서 고민하는 이유는 "대학교에서 배웠던 지식을 과연 나는 얼마나 학교 현장에 적용하고 있는가?", "나는 대체될 수 없는 전문성을 잘 갖추고 있는가?"라는 질문에 대해 회의적인 답을 내놓기 때문이다. 대학에서 배운 전공지식과 현장에서 사용하는 지식이나 역량은 어느 정도 차이가 있을 수밖에 없다. 고등학교 학생에게 가르치는 내용이 대학 전공지식이라면, 그 내용을 이해하는 학생은 거의 없을 것이다. 학교에서는 학생의 발달 단계에 맞는 내용을 가르쳐야 한다. 수월성 교육을 하는 학교에서야 대학교 수준의 전공지식 그대로 가르치겠지만(교수님이 "너희들이 대학생이냐? 고등학생들이 훨씬 낫다"라고 말하셨던 적이 있지만) 일반 고등학생들에게 가르치는 것은 국가교육과정상 조율된 것일 수밖에 없는 것이다.

또한 교육부에서조차 교사는 대체할 수 있다고 이야기하는 듯한 정책을 펴고 있다. 고교학점제를 도입하며 교사들에게 부전공을 적극적으로 격려하고 있고, 각 전문직에 종사하고 있는 사람들을 학교 안으로 끌어들이기 쉬운 제도를 마련하고 있기 때문이다. 내가 국어교사로 임용에 합격하였더라도 다른 과목(수학이나 과학) 부전공 교육을 받아서 가르치기를 적극 권장하는 모습을 보며, '나는 대체 가능한 사람이구나' 하고 생각하게 된다.

다시 돌아와서 드는 생각은 결국 이거다. 내가 근무하고 있는 이 자리도, 부전공으로 교과 내용을 이수한 사람들, 혹은 교사로서 전문교육을 오랜 기간 받지 않은 다른 사람들에게 다 대체될 수 있는데, 내가 다른 사람들로 대체될 수 없는 전문적인 무언가를 확실하게 가지고 있다고 할 수 있는가? 의사, 변호사도 각자 전문 분야가 있지만, 나도 내 분야의 전문가라고 할 수 있을 만큼이 되는가? 의사, 변호사들 사이에서도 더 전문가가 있듯이 교사들 사이에서도 더 전문가라고 불리려면 무엇이 필요한 걸까?

이런 질문에 답하기 위해 나의 교직 경험을 돌아보았을 때, 전문성이 필요하다고 생각되는 분야로, 크게 수업, 행정, 생활지도 세 가지로 나눌 수 있었다. 각 분야는 다시 하위 항목의 전문 분야로 나뉠 것이다.

특히 수업과 행정은 교육법에서도 인정한 전문성이 필요한 분야라고 할 수 있다. 수업은 수석교사, 행정은 교감, 교장으로 이원화하여 전문성 있는 사람들이 도움을 주는 형태로 학교를 운영하기 때문이다. 수석교사제도가 제대로 정착되었는가는 다음 문제로 하고, 교육법상 그러하다는 것이다. 또한 학교 운영 및 행정에 따른 모든 책임과 권한은 대부분 교장에게 주어져 있다. 따라서 수업과 행정은 전문성이 꼭 필요한 분야로 관련 이야기를 자세히 하고자 한다.

생활지도는 모든 교사에게 전문성이 있을 것으로 사회에서 인정받고 있다. 교사에 대한 인식을 결정하는 중요한 전문성 분야라고 할 수 있다. "요즘 선생들이 선생이냐?"라는 평가의 핵심은 생활지도와 관련된 것이 대다수일 것이고, "요즘은 학교도 그냥 직장이죠"라는 말의 핵심에도 교사들이 생활지도에 최선을 다하지 않을 것이라는 추측과 경험이 함께 녹아 있다고 볼 수 있다. 그럼에도 불구하고, 생활지도 분야는 자세히 살피기보다는 간략히 살펴보고자 한다. 생활지도를 간략히 살피는 이유는 내가 전문적으로 잘하고 있다고 느끼지 못하고(그렇다고 교사로서 해야 할 일 중 남들보다 잘하는 게 있는 것도 아니다) 생활지도는 나만 그런 것인지, 모두가 같은 것인지 모르지만, 해가 갈수록 사건이 더 낯설고, 아이들 마음을 읽기가 더 어려워지고, '이런 일이 가능한가?' 하는 고민이 드는 상황이 많이 발생하기 때문에, 난 전문가가 아니라고 생각한다. 그렇지만 주변 선생님들 이야기를 들어보면 교직 경력이 오래되었어도, 요즘 들어 낯선 상황이 많다고 하니, 나만의 문제는 아닌 것 같다. 이제 수업 전문성과 행정 전문성에 대해 이야기해 보자.

수업 전문가

 교사인 나에게 가장 중요한 일은 수업이다. 그 무엇도 수업에 앞설 수 없고, 영화에서 나왔던 표현을 빌리자면 수업 중에는 대통령이 와도 끝까지 마쳐야 한다고 생각한다. 수업이 매우 중요한 일이라고 생각하는 만큼 '나는 수업을 잘하는가?'에 대해 대답하기 위해 그동안의 내 수업을 되돌아보았을 때, 나는 수업 전문가도(…) 아니라는 생각을 했다. 대학에서 배웠던 많은 수업모형을 실제로 사용할 수는 있겠지만, 효과적으로 활용하는가에 대해 의문을 가지고 있기 때문이다. 또한 교사가 객관적으로 자신의 수업을 정확히 관찰하는 것은 어려운 일이라는 생각을 하고 있기 때문이기도 하다. 선생님들과 함께 수업에 대해 이야기를 나눌 기회가 있을 때, 나이가 있으신 경력 많은 선생님들은 항상 자신의 수업에 대해 자부심을 가지고 계셨다. 그러나 실제로 학생들과 이야기를 나누었을 때에는 정반대의 이야기를 듣는 상황도 있었다(내가 나쁜 사람인 게 보통은 학생들에게 다른 선생님 수업은 어떤지 물어보지 않는 것 같다). 보통의 교사들은 자신의 수업 전문성에 대해 자부심을 가지고 있지만, 나는 그렇지 않다. 교사 평균의 수업 능력이 있다면, 그것을 기준으로 따져보아도 잘 못할 것이라는 생각을 버릴 수가 없다. 자존감이 낮은 탓도 있겠지만, 수업을 잘한다는 기준점이 높아 보이기도 하고, 대학에서 배웠던 수업의 기본을 지키지 않는 탓도 있다.

　수업이 없는 학교는 상상할 수 없지만, 수업을 잘 못하는 교사는 상상도 하고 경험도 할 수 있다. 수업이 없는 교사는 생각할 수 없지만(물론 학교에 수업이 없는 교사도 있다), "좋은 선생님이었어"라고 이야기하는 것이 "좋은 수업을 하는 선생님이었어"로 항상 이어지는 것은 아니다. '좋은 선생님'의 조건에 '수업 전문성이 높음'이 필수조건은 아니라는 것이다. 있으면 더 좋은 조건일 뿐이다. 물론 입시경쟁이 심한 지역에서는 '수업 전문성이 높음'이 '좋은 선생님'의 필수조건에 포함되기도 한다. 잘 못 가르치는데 무슨 좋은 선생님이냐는 소리를 듣게 된다. 그렇게 되면 다시 '선생'의 조건은 무엇인지 고민하게 된다.

　다시 원점으로 돌아와서 수업에 대한 평가가 가능하고, 좋은 수업을 하기 위해 필요한 조건들이 있으며, 조건을 만족하는 경우를 만드는 것이 불가능하지 않다면, 수업 전문가로서의 교사는 좋은 수업을 만들기 위해 노력해야 하고, 좋은 수업을 만들 수 있는 능력을 갖춰야 한다. 그렇다면 수업 전문성은 어디서 나오는 것일까?

교육학의 이유

교육학과가 아니더라도 교육학은 교사가 되기 위해 꼭 배워야 하는 학문이다. 당연하다면 당연하지만, 대학교 시절 배움의 크기를 생각해 보았을 때, 교육학이란 분야는 다양하게 배웠어도 '정말 잘 배웠다' 하고 생각되지 않는 과목이었다. 나만 그런 걸 수 있겠지만, 솔직히 교육학개론에서 뭘 배웠었는지 기억하는 교사들이 있을까 싶다. 임용 시험을 준비할 때도 교육학은 딱 총점에서 배분된 만큼만 노력을 기울였다. 그럼에도 불구하고, 교육학은 교사가 교사로서, 수업 전문가로서 갖춰야 할 기본 역량의 총체라고 할 수 있다.

교육학개론(솔직히 기억나는 교사가 있을까?), 교육철학, 교육사, 교육심리, 교육사회, 교육행정, 교육경영, 교육과정, 교육방법, 교육공학, 교육평가, 상담 및 생활지도, 교직실무, 교육실습까지, 교사가 되기 위해 반드시 수강해야 한다고 지정된 과목들 중 일부를(교육실습은 필수) 선택하여 수강하기 때문에 각자 유리하다고 생각되는 것을 선택했을 것이다. 저기 쓰여 있는 모든 과목을 수강하고 졸업한 교사는 교육학과 출신 교사밖에 없을 것이다. 한때 나는 교육학이 교사 자격증을 수령하기 위해 받는 과목이라고만 생각했다. 하지만 교사가 교사로서 필요한 대부분의 전문성은 교육학에서 나온다.

앞서 나열한 모든 과목은 전문가라면 누구나 갖춰야 할 부분들에 대해서 교육이라는 단어를 붙였다고 해도 과언이 아니다. 문제는 여기에 있다. 저 모든 분야는 각각의 전문가들이 있다. 하지만 이를 하나로 아울러 실행해야 하는 교사에게는 전문가로서 성장할 수 있을 만큼의 시간과 노력이 주어지지 않는다. 교사는 각 분야를 알아야 할 뿐, 전문가로서 성장할 수는 없는 것이다. 모든 것을 적당히 알아야 한다. 다른 말로 바꾸면 모든 것을 자세히 잘 몰라도 된다. 더 나아가 각 교육 분야 전문가들이 서로의 분야를 한 번에 실행해야 하는 교사를 생각하기는 하는지 묻고 싶다(가르치는 사람들 특: 과제 분량, 자기 과목만 생각함). 한 번에 해내기 어려운 것을 해내야 한다. 그러다 보니 문제가 발생하지 않을 정도의 이해도와 실행 능력이면 교육학은 '몰라도 되는 것'이다. 전문성은 교육학에서 나오는데, 몰라도 문제가 되지 않는 희한한 상황이다. 심지어 임용 시험에서조차 그렇다. 그러다 보니 교사들도 각자 전문성을 높이고자 대학원을 찾아갈 때, 선발 때문이기도 하지만, 어느 한 가지 분야로 집중할 수밖에 없는 것이다. 그렇다면, 교육학에서 어느 한 가지 분야만 파고든 사람이 수업 전문성이 높다고 할 수 있냐고 물어보면 그렇지 않다. 결국 수업은 교과를 중심으로 구성되어 있기 때문이다. 교과 내용을 중심으로 교육학 지식을 사용해야 하는데, 교육학과 교과 내용을 연결해 주는 것이 교과교육론이다.

교과교육론

대학에서 수업을 들을 때, 전문가로서의 교사라는 단어를 가장 많이 듣는 영역이다. 그럼에도 불구하고, 여러 학문(교육학, 화학, 사회학 등등)들 사이에 체계적인 학문으로 자리 잡았다고 할 수 없다. 교육학과는 교육학과인데, 영어교육과나 과학교육과가 '학과'가 아닌 것은, 교육과들은 학문으로서 인정받지 못하거나 어렵다는 (일반 사람들이나 1학년 신입생 정도야 다 국어교육학과나 체육교육학과라고 부르지만) 사실의 증거라고 배웠다. 개인적으로 예비 교사들은 교과교육론에 얼마나 많은 노력을 기울이는지 궁금하다. 아마 대부분의 사범대 학생들이 교육학을 배울 때와 마찬가지로 임용 시험 총점에 비례한 만큼의 노력만 기울이지 않을까 싶다.

나는 교과교육론에 대한 지식과 실행 능력이 수업 전문성의 핵심이라고 본다. 뒤에 이야기할 교육과정, 학생 파악, 평가 등도 수업 전문성에서 빠지지 않아야 할 요소들이지만, 교과교육론이 가장 핵심이라고 생각한다. 교육학자가 갖추어야 할 역량도 아니고, 교과 내용 전공자(영어영문학, 수학, 생물학 등등)가 갖춰야 할 역량도 아니다.

교과교육론은 교사가 수업 전문가로서 갖추어야 할 핵심역량을 배우는 영역이지만, 각 교사가 가지고 있는 교과교육론에 대한 태도와 지식수준은 천차만별이라고 할 수 있다. 교과교육론의 지식들을 무척이나 신경 써서 수업을 진행하는 교사도 있고, 아무런 신경을 쓰지 않고 수업을 진행하는 교사도 있다.

　교과교육론의 핵심 지식은 수업모형이라고 할 수 있다. 교육학에서는 일반적인 상황에서의 수업 설계 방법과 수업모형에 대해 연구한다. 교과교육론에서는 교육학에서 만들어 낸 수업모형을 각 교과별로 어떤 방식으로 적용할 것인지 고민하고, 각 교과 내용에 수업모형을 적용한 교과수업 설계 방법을 배운다. 그리고 실제 수업을 진행하는 구체적인 방법들에 대해 학습하고 교과수업 역량을 키우는 것이 교과교육론 학습의 주요 목적이라고 할 수 있다. 또한 교과적 특성을 고려한 평가 방법 등, 교과교사로서 필요한 다양한 역량이 교과교육론을 배우며 성장하기 때문에, 어떤 과목의 교과교사가 되기 위해서는 해당 교과의 교과교육론을 필수적으로 이수해야 한다.

　그럼에도 불구하고, 이 분야의 전문성이 있는지 판단하는 것은 쉽지 않다. 교과교육론을 가르치시던 교수님의 "전문가는 딱 보면 높은 수준인지 아닌지 알 수 있다"는 말씀에 따르면, 나는 아직 전문가가 아니기 때문에 전문성이 있는지 없는지 판단하기 쉽지 않은 것이다.

　내가 수업을 잘하고 있는 것인지 확인하는 방법으로 다른 교사의 수업을 참관하는 것도 도움이 된다. 그러나 다른 교사의 수업을 접할 기회도 많지 않다. 학교 안에서 같은 과목을 가르치는 교사들이 다수 있는 국어, 영어, 수학과 같은 교과가 아니라면, 같은 과목을 가르치는 다른 교사의 수업을 접할 수 있는 기회 자체가 드물다. 게다가, 교사들이 서로의 수업을 공개하기를 꺼려서 수업을 자주 접한다는 것 자체가 쉽지 않은 교직문화도 학교에 자리 잡고 있다. 그래서 다른 교사들은 어떤 교과 내용에 어떤 수업모형을 적용하여 진행하는지 접할 기회도 거의 없다.

그래서 자신에게 교과교육론에서 이야기하는 전문성이 있는지 판단하고 싶다면, 그저 자기 자신을 자기 자신이 판단할 수밖에 없다. 그러니 내가 잘하고 있다고 믿는 사람은 더 수정할 필요가 없다고 느낄 것이고, 잘하고 있지 못하다고 느끼는 사람은 자존감이 낮아지는 수업을 지속할 수밖에 없는 것이 현실이다. 이러한 상황을 해결하기 위해 교육학습공동체, 수석교사의 도입 등 많은 노력을 기울이고 있지만, 효과가 있는가는 회의적이다.

내가 생각하는 수업 전문성의 핵심 분야는 교과교육론이고, 교과교육론 중에서도 수업모형을 제일 중요하게 생각하는 이유는, 교육과정상 정해져 있는 내용을 효과적으로 전달하기 위한 수업모형의 선택 능력이 다른 직업을 가진 사람들은 할 수 없는 대체 불가의 영역이라고 생각하기 때문이다. 어떤 지식을 효과적으로 전달하기 위한 방법이 존재하고, 그 방법을 잘 선택하는 것이야말로 전문성의 영역이라고 확신한다. 자기 교과의 교과수업모형에 대한 이해가 교사의 수업 전문성 역량인 것이다.

그래서 다양한 수업모형을 배우기 위해 많은 연수들을 다니며 느꼈던 아쉬운 점을 이야기하면, 대체로 어떤 수업모형의 전문가라고 생각하는 사람들은 자신의 수업모형에 매몰되어 모든 수업 내용을 하나의 모형으로 전달하고자 하는 모습을 보여주었다는 것이다. 한때 거꾸로 교실이 유행하던 시기에는(아직도 유행 중이라고 할 수 있지만), 모든 수업을 거꾸로 교실 방식으로 구성하는 모습을 본 적이 있다. 모든 교과 내용이 활동을 통해서만 학습해야 하는 것은 아니라고 생각한다. 거꾸로 교실이 가지고 있는 단점도 분명하다고 본다. 모든 교과가 거꾸로 교실을 사용할 경우 정작 학생은 가정에서의 학습 부담이 커지는 결과를 낳게 되는 것이다. 또한 미리 학습해 오지 않으면 본시 학습을 할 수 없다는 단점도 있다. 거꾸로 교실뿐만 아니라 대부분의 수업모형이 단일 교과수업에서는 효과를 발휘할 수 있지만, 학생의 입장에서 어떤 과부하를 가져오는지에 대해서는 특별히 고민하지 않는다.

자신이 담당하는 교과의 다양한 수업모형에 대한 이해를 충분히 가지고 어느 내용에 어떤 모형을 적용할 것인지 결정하는 것은 수업 전문성의 핵심 능력이지만, 그만큼 중요한 것은 교과 내용에 대한 이해 능력이다. 교과 내용을 잘 이해하지 못하면, 어떤 수업모형을 선택할 것인가도 결정할 수 없다. 다행히도(?) 우리나라는 교사 역량을 평가하거나, 교사를 선발하기 위해 시행하는 임용고사에서 교과 내용 지식이 많은 비중을 차지하고 있다. 그리고 교과 내용 지식은 교육과정으로 정리된다.

교육과정

내가 별로 좋아하지 않던 교수의 표현을 빌리자면 교사는 교수가 생성해 낸 지식을 학생들에게 전달하는 다리 역할을 하는 사람이다. 그 교수는 교사가 중요한 역할을 하는 사람이라고 생각해서 한 말이었겠지만, 그때 나는 '그럴 거면 그냥 네가 가르치세요'라는 생각을 했다. 어쨌거나 그 교수가 한 말은 틀리지 않았다. 자유론에서 말한 것처럼 모든 주장에는 어느 정도의 진리가 들어 있다. 교사가 교과 내용을 모르면 수업을 할 수가 없다.

교과 내용은 국가단위에서 결정된다. 국가단위로 교육과정상 어떤 내용의 지식들이 전달되어야 하는지, 어떤 역량을 성장시켜야 하는지, 단순하지 않지만 자세하지도 않게 정해놓았다. 그 교육과정을 바탕으로 교과서 제작업체들이 교과 내용을 구성하여 교과서를 제작한다. 교과서마다 세부적인 내용들은 달라도, 국가수준에서 정해놓은 내용이나 목표를 크게 벗어나진 않는다.

교사들은 대체로 자기 전공 분야에 대한 지식수준과 이해도가 높은 사람들이라고 할 수 있다. 사범대학 대부분의 과목구성은 전공지식으로 구성되어 있고, 임용 시험 비중 또한 전공지식이 크다. 하지만, 모든 교사가 자기 전공 분야의 전문가인가라고 물어보면 아니라고 할 수 있다. 진짜 전공 분야 전문가(수학교사라면 수학자, 일반사회교사라면 경제학자 등등)들 앞에서는 전문가라고 주장할 수 없는 것이다. 물론 교사 중에는 각 분야 전문가만큼의 전문성을 가지고 수업을 하시는 분들도 있다. 그러나 대부분의 교사들은 전문가만큼의 전공지식을 가지고 있다고 할 수 없다. 하지만, 수업 전문성이 높다고 자부하는 교사들일수록 전공지식 수준과 전공이해도가 높다고 스스로를 판단할 것이다.

각 학문의 성취에 따라 다수가 인정하는 지식의 내용이 변해가듯, 교육과정도 고정된 것은 아니다. 학교에서 가르치는 내용은 학문의 발전에 따라 변하기 마련이고, 학문의 변화뿐만 아니라 학문 외적인 요소의 영향으로 국가수준에서 정해놓은 교과 내용도 변한다. 또한 잘못된 것을 바로잡거나, 사람들이 시민으로서 알아야 할 공통 지식, 혹은 역량으로 내용 교체가 필요하기 때문에, 교육과정의 변화는 꼭 필요하다고 할 수 있다. 따라서, 교육과정의 개편에 따라 교과 내용과 역량이 추가되거나 사라지기도 한다. 교사들과 교과서 제작업체, 그리고 입시업체에서는 교육과정의 개편에 민감하게 반응할 수밖에 없다. 본인들이 하는 일에 가장 직접적인 영향을 미치기 때문이다.

또 다른 부분을 생각해 보면, 일부 사람들은 앞서 말한 교육학, 교과교육론의 내용을 전혀 알지 못하더라도 일정 수준의 전공지식을 가지고 있으면 '수업을 한다'는 행위 자체는 가능하다고 믿는 것 같다. 수업 방법의 가장 기본은 강의고, 강의의 핵심 요소는 강의하는 사람의 전달력과 강의 내용 충실성이기 때문이다. 내용에 충실한 강의를 만들기 위한 전제조건은 교과 내용을 얼마나 잘 알고 있는가이기 때문에, 교과 내용 이해도는 수업 전문성에서 빠지기 어려운 부분이다. 교과 내용을 빠른 시간 안에 많이 전달하는 가장 효과적인 방법이 강의인 만큼, 대부분의 고등학교와 수능을 앞둔 사람들을 대상으로 수업하는 선생님들은 강의식으로 수업을 진행하게 된다. 그런 경험들이 쌓이다 보니 특별한 수업 방법 필요 없이 내용을 잘 아는 게 제일 중요해 보이기도 한다. 그러나 모든 수업을 강의식으로 진행하더라도 꼭 필요한 전문성이 있다. 내가 하는 이야기를 알아들을 만큼이 되는지 학생 수준을 파악해야 한다.

학생 파악

학원에서는 학생의 학업 수준을 파악하는 과정을 생략하거나 학원을 등록하기 전에 사전 평가로 파악한다. 인터넷 강의는 학생의 학업 수준을 파악하지 않고, 기초, 기본, 심화 수준에 따라 강의를 다르게 편성해 놓는다. 학생들에게 다양한 내용을 전달해 주기 위해 인터넷 강의를 수강하여 정리해 본 적이 있는데 실제로 강의별로 큰 차이는 없었다. 학생 수준별 강의가 나뉘어져 있지만, 학습교재가 같은 경우에는 더욱더 큰 차이가 없다. 강의 영상에서 기초 강의가 조금 더 친절한 말투로 설명한다는 것 정도의 차이가 있을 뿐이었다. 심화학습이 필요한 수준의 학생들이 듣는 강의는 내용을 다 알 거라는 전제하에, 자세한 설명은 하지 않고 넘어가는 부분이 많았다. 심화학습이 필요한 수준의 학생들이 듣는 강의는 대체로 문제 풀이에 집중되어 있고, 문제를 풀 때 실수하게 되는 부분들을 더 자세히 설명해 주었다. 인터넷 강의의 목적이 무엇인지 분명하게 깨닫는 순간이었다. 나는 학창 시절에 인강을 수강해 본 적이 없어서, 학생들이 얘기한 "인강처럼 설명해 주세요"가 무엇을 의미하는지 잘 몰랐지만, 그때 알게 되었다. 아주 단순하게 정리하면 문제에 뭐가 나올지, 어떻게 하면 실수하지 않을지 알려달라는 말과 비슷하다.

어찌 되었든 교사는 학생의 수준을 파악해야 수업을 결정할 수 있다. 수업 설계(누구는 수업 디자인)를 하기 위해 학생 수준을 직접 파악하는 선생님도 계시겠지만, 그저 '중간' 정도의 학생들을 대상으로 설계하시는 분들이 많을 것이다. 학교급에 따라서 다르겠지만, 고등학교의 경우 평준화 지역인지, 비평준화 지역인지, 설계해야 하는 수업이 학생 선택과목인지, 전체 학생이 듣는 필수과목인지에 따라서 '중간'을 설정하는 것이 다르다. 평준화 지역이고, 모든 학생이 들어야 하는 필수과목의 경우 수업을 더 친절하게 강의하는 방식으로 설계하는 게 유리(혹은 편리)하다. 반면에 비평준화 지역에 성적 상위 30% 학생들이 입학하는 학교이고, 가르쳐야 할 과목이 선택과목이라면, 기본개념 위주의 강의에다 활동을 함께 추가하여 수업을 설계하는 것이 수업 시간을 잘 활용하는 방법이 된다.

하지만, 실제로 '중간'에 해당하는 학생들은 많지 않다. '평균'에 맞춘 전투기 조종석은 한 명에게 맞거나 혹은 아무에게도 맞지 않듯이, '중간'에 맞춘 수업은 생각보다 많은 학생들의 수준에 맞지 않는다. 아이들이 '인강'을 찾아가는 것도 이해가 가는 부분이다. 다양한 수준의 아이들이 함께 수업을 하는 것은 교육적으로 매우 올바른 일이다. 사회는 다양한 사람들로 이루어져 있으니, 학교도 다양한 사람들과 함께 어우러져 사는 것이 당연하다. 하지만 수업은 그렇지가 못하고, 학생 개개인에 맞춘 수업 설계도 당연히 어렵다. 나도 교사지만 학생의 가장 빠르고 높은 수준의 성장을 위해서는 개인교습이 가장 좋다는 주장에 동의할 수밖에 없다.

학생을 파악하는 것은 수업 전문성에서 빠지면 안 되는 부분이지만 교사에게는 충분한 시간이 주어지지 않는다. 학생과 개별적으로 만나 학생 수준을 파악하는 것은 시간이 너무 오래 걸리고, 한 번에 많은 학생의 수준을 파악하는 방법은 단편적인 정보만을 제공한다. 그렇게 시간이 흐르고, 교사가 학생을 잘 파악했는가 와는 상관없이, 교사는 평가라는 다음 단계로 넘어가야 한다. 결국 교수님의 말씀대로 할 수밖에 없다. 교사가 '딱 보면 아는' 수준까지 학생을 파악하는 능력을 높이거나, 아이들이 각자 살길을 찾아야 하는 것이다.

평가

평가는 수업의 1회차 종결이다. 수업의 궁극적인 목적은 학생의 성장이고, 학생의 성장을 객관적으로(대체로 숫자) 판단하기 위해 평가를 한다. 학생 파악이 잘 이루어져, 얼마나 성장했는지 확인할 수 있어야 평가가 중요한 의미를 가진다. 학생을 파악하고 평가한 결과, 학생이 하나도 성장하지 않았다면 수업을 할 이유가 없었던 것이다.

교사들이 수업을 잘한다고 착각하게 되는 부분이 바로 평가에 있지 않을까 한다. 애당초 학생은 높은 능력을 가지고 있었고, 좋은 결과를 만들어 낼 수 있는 학생이었음에도, 자신의 수업을 통해 학생이 좋은 결과를 만들어 냈다고 착각하는 교사가 분명히 있을 것이다. 나는 학생이 좋은 평가를 받았다는 것이, 교사가 좋은 수업을 했기 때문이라고 생각하는 것을 경계해야 한다고 본다.

그래서 나는 학창 시절에도 학원을 신뢰하지 않았다. 소위 좋은 대학을 많이 보냈다는 학원에서는 대체로 학생들을 가려서 받았다. 이유는 학생들이 자신들의 수업을 따라올 수 없다는 것이었다. 그 이야기를 들었을 때, 나는 좋은 학원은 학생을 가려 받으면 안 된다고 생각했다. 대학에서야 어떻게 가르치든 고등학교까지는 서로 다른 능력을 갖춘 학생들이 섞여 있는데, 이미 잘하는 학생들을 가려 받아놓고 "우리 학원 오면 좋은 결과 만들어 드림"이라고 이야기하는 건 뻔뻔하다고 생각했다. 나는 학생들을 많이 성장시킬 수 있는 학원이 좋은 학원이라고 보았다. 어떤 학원은 성적이 낮은 학생들을 받았다. 그 학원을 다닌 뒤로 성적이 오른 학생들도 있었다. 하지만 같이 이야기해 보았을 때, 정말 공부를 잘하게 되었구나 하고 느낀 적은 없었다. 그저 공부하지 않던 아이들을 어떤 방식으로든 외우게 했을 뿐이었고, 평가 기간이 끝나면 배운 내용들을 다 잊어버렸다. 그런 걸 성장했다고 말할 수는 없다고 느꼈다.

  요즘 평가의 부담을 덜 받는 과목들의 경우 학생 스스로 평가준거를 만드는 경우들도 있다. 평가 부담이 적은 과목의 담당 교사는 학생들이 스스로를 기준 삼아 성장했는지 여부를 평가할 수 있도록 교과 계획을 세운다. 그리고 계획에 따라 실제 평가를 하게 된다. 하지만 대부분의 교과의 경우 그럴 수 없다. 학부모나 학원에서 제기하는 평가 공정성 시비에 얽히기 딱 좋기 때문이다. 결국 학교에서 이뤄지는 대부분의 평가는 학생의 상대적인 위치를 파악하기 위한, 지식 이해 정도를 확인하는 평가에 한정된다고 할 수 있다. 누가 보더라도 객관적이라고 판단할 수 있는 것들로 평가를 하는 것이다. 만약 주관적인 평가가 필요한 부분이라면 대부분 좋은 점수를 주고 '이건 정말 아닌' 학생들의 점수는 깎는 형태가 될 수밖에 없다.

  평가를 잘한다는 것은 학생의 성장을 정확히 잘 파악할 수 있어야 한다는 것이기 때문에 앞서 말한 학생 파악과 동일한 능력이라고 생각할 수 있다. 하지만 차이점은 앞서 말한 '성장'의 측정이다.

성장을 측정하는 것도 결국 전문가의 영역이다. 어느 방향으로 어느 정도의 변화가 있었는지 파악하는 것은 '대충 보면' 알 수 있지만, 정확히 파악하는 것이야말로 전문성이 있다고 할 수 있다. 그러한 면에서 교사는 평가 전문성을 갖추기에 불리한 환경을 가졌다. 앞서 말한 학생 파악 부분에서 이야기했듯이 교사에게는 학생의 출발점을 정확히 진단할 만한 시간이 거의 없다. 그 상황에서 도착점은 확인할 수 있지만, 성장을 얼마나 했는지는 알 수 없다. 그저 학생이 가지고 있는 능력 혹은 수준을 평가해야 한다.

그러니 다시 돌아가야 한다. 평가가 학생의 성장을 판단하는 것이라고 믿는 교사라면 착각하는 수밖에 없다. 내가 수업을 잘해서 학생이 결과가 좋은 것이라고. 그리고 반대의 것도 받아들여야 한다. 내가 수업을 못해서 결과가 안 좋은 것이라고. 그렇다면 자연스럽게 다른 부분을 고민해야 한다. 내가 무엇을 잘했고, 무엇을 잘못했는지 파악하는 것도 전문성의 영역으로 들어가야 한다.

장학

자신의 수업을 되돌아본다는 것은 기분 좋은 일이라기보다는 괴로운 일인데, 이것은 나의 개인적인 특성 때문일 것이다. 다른 교사들은 자신의 수업을 되돌아보는 것을 부담스럽게 생각하지 않을 것이라고 믿고 싶다. 왜냐하면 장학을 하지 않는다면 수업을 되돌아볼 가능성도 거의 없고, 수업을 어떻게 발전시켜야 할지 생각할 겨를이 없기 때문이다. 장학을 통해 수업을 되돌아보지 않는다면 전문성이 높아질 가능성도 없다. 앞서 이야기한 것처럼 교사는 전문성이 높아질 가능성이 낮다. 그저 교사 개인적인 노력 여하에 따라 전문성의 변화는 천차만별의 상황이 벌어진다. 물론 어느 직업이든 마찬가지일 것이다. 자기 직업의 전문성이 높은 사람들은 피나는 개인적인 노력이 함께였을 것이다.

하지만 내가 이야기하는 것은 직업 자체가 가지고 있는 전문성이다. 개개인의 편차보다는 직업 전체에 대해 이야기하고 싶은 것이다. 그러한 면에서 대부분의 학교는 장학과 관련된 부서(연구부)가 있으며, 수업 연구와 관련된 다양한 활동을 권장하고 있다.

교육 활동 연구 또한 집단적으로 활발하게 이뤄지고 있다. 이는 학교 차원에서 이뤄지기보다는 전문성 함양에 대한 교사의 개인적인 관심이 있는 경우나, 비슷한 관심사를 가지고 있는 사람들과 함께하는 경우에 장학을 하게 된다. 혁신학교에서는 학교 차원에서 장학이 이뤄진다. 혁신학교 관련 강의를 자주 다니셨던 분의 이야기를 들었을 때, 결국 '학교(교장)의 의지'가 많은 것을 좌우했다고 하신 것을 생각해 보면, 교사들도 장학은 그다지 하고 싶지 않은 일로 받아들인다고 할 수 있을 것 같다. 그저 하긴 해야 하는데 부담스러운 일인 것이다. 그래서인지 모르겠지만 수석교사에 대한 긍정적인 평가를 들어본 경우는 드물다.

수석교사

앞서 살펴본 수업 전문성을 모두 갖추고 있을 것이라고 믿는 교사다. 교육법상 교장과 동일한 정도의 지위를 가진다. 초등학교와 중고등학교의 사정이 조금 다르다. 중고등학교에서는 수석교사에 대해 이야기할 때, 대체로 "내 교과 출신 수석교사도 아닌데 내 교과에 대해 이야기하는 것이 신뢰가 안 간다"라는 평가를 자주 들을 수 있었다. 수업 전문성은 역시 교과 내용에서, 혹은 교과교육론에서 나온다는 믿음이 만들어 내는 말이었다.

그래도 내가 보았던 모든 수석교사는 항상 최선을 다했다. 자신에게 주어진 환경에 대해 인정하고, 할 수 있는 일들에 최선을 다하시는 분들이었다. 교사들이 따라와 주는가는 별개로 어떤 도움을 줄 수 있는지에 대해서 고민하시는 분들이었다. 수석교사가 되기 위해 필요한 가장 중요한 덕목은 열정이 아닌가 싶을 정도로 모든 분이 열정적이었다. 수석교사 본인의 수업 전문성을 높이기 위해서뿐만 아니라, 주변 교사들의 전문성 신장을 위해 많은 노력을 기울이는 것을 옆에서 보는 것만으로도 느낄 수 있었다.

그렇지만 그만큼 좌절도 많이 겪는다고 생각한다. 수석교사가 하는 일은 기존의 장학과 크게 다르지 않았고, 수석교사의 업무가 기존에 만들어져 있는 부서들과 겹친다고 생각하는 경우도 허다했다. 기존에 있는 부서와 수석교사 중 누가 중심이 되어 업무를 처리할 것인가에 대해서 협의가 되지 않는 경우도 있었다. 어떤 때는 수석교사가 학교에 부담을 주는 존재라고 생각하는 분들도 꽤 있었다. 의전해야 하는 사람만 늘어났다고 생각하는 경우에 대체로 그랬다. 그렇기 때문인지, 어느 정도 경력이 있다고 하는 교사들의 경우 수석교사가 마련한 프로그램에 참여하는 경우는 드물었다. 그래서 수석교사 선생님들은 신규 교사 혹은 저경력(대체로 1급 정교사 취득 이전인 교직 경력 3년 미만) 교사들과 함께 장학을 하시는 경우가 많았다. 그마저도 어떤 일을 진행하든지 간에 진행이 쉽지 않아 보였다.

 어떤 교사들은 수석교사제도는 실패한 제도고 앞으로는 없어질 제도라고 이야기한다. 나는 생각이 다르다. 수석교사제도는 교사가 수업 전문가임을 제도적으로 증명하고 있다. 교사에게는 수업 전문성이 있으며, 수업 전문성이 높은 교사에게 그에 걸맞은 지위가 필요하다고 이야기하는 제도다. 석사나 박사 같은 학위뿐만 아니라 열정이 수석교사의 필요조건인 것 같아서, 열정이 없는 내가 수석교사가 될 수 있을 리 없지만, 누군가는 꾸준히 수업 전문성을 높이려는 노력을 기울이고 수업 전문성이 교사 전문성의 핵심 요소인 이상 언젠가는 수석교사제도가 성공할 것이라고 믿고 싶다.

행정 전문가

교사들끼리 자신의 '일'에 대해 설명할 때 수업 이야기는 잘 하지 않는다. 교사라는 직업은 가르치는 게 일이지만, 가르치는 일의 어려움을 호소하거나, 수업 시간에 어떤 방식으로 수업을 해서 학생들이 어떻게 되었다는 이야기를 주고받는 일은 공식적인 자리가 아니면 자주 하지는 않는다. 어느 직장이든 거의 마찬가지가 아닐까 하고 추측해 본다. 본인이 전업으로 하는 일의 어려움을 꺼내 이야기한다는 것은 어려운 일이다. 내가 전문가가 아닌 것처럼 느껴져서인 걸까? 물론 아예 하지 않는다는 말은 아니다. 수업에 대해 이야기를 하더라도, 그 비율이 크지 않다는 것이다.

교사들이 대부분 어려움을 호소하거나, 교사들끼리 모인 자리에서 주로 하는 이야기는 '업무' 이야기다(나머지는 학생과 학부모 이야기다). 어떤 어려운 업무를 담당하게 되었고, 어떤 상황이 벌어졌으며, 어떻게 해결하게 되었는지 이야기 나눈다. 여기서 말하는 업무는 부서별 업무를 이야기하고, 부서별 업무는 결국 행정적 절차를 거쳐 이뤄지기 때문에, '업무'를 통한 행정적 일 처리는 교사 생활에서 상당히 많은 부분을 차지한다고 할 수 있다.

그렇다면 교사는 행정 전문성을 갖추고 있는가를 교사에게 물어보면, "교사는 행정 전문성을 갖추지 않아도 된다"라고 대답하는 교사들이 많을 것이다. 교사는 어차피 업무를 순환하고, 본업 자체는 수업이기 때문에 어떤 분야에 대한 행정 전문성을 갖출 이유가 딱히 없다. 교직 경력이 오래된 교사에게 물어보면 "교사가 무슨 행정 전문성을 갖춰야 하냐, 일은 그냥 하면 되고 수업이나 잘해라"라고 할 가능성이 높다. '일은 그냥 하면 되고' 부분이 교사마다 다르겠지만, '너는 젊으니까 잘할 것 아니냐'가 깔려 있고, 능숙하게 처리하지 못하면 "그냥 하면 되는 걸 왜 못 하냐"라는 말을 들어야 한다는 것도 같이 깔려 있지만 말이다.

 내가 생각하는 문제는 여기에 있다. 만약 교사가 행정 전문성을 갖출 필요가 없다면, 교사들 사이에서 행정 전문가가 나오면 안 된다. 학교 행정의 전문가, 행정실장이 있음에도 불구하고, 교감과 교장은 교사 출신이거나 교육 현장 경험이 꼭 있어야 한다. 현재 일을 하고 있는 교장이 행정 전문가 인가와는 별개로, 학교에서 일어나는 모든 일의 책임자는 교장이니 당연히 교장은 학교 전문가여야 한다. 교감은 학교 운영을 확인하는 입장에서 행정적인 절차나 처리가 필요한 일을 자세히 살펴야 하기 때문에, 학교 행정 전문가여야 한다.

 교육행정은 교육 분야의 전문성을 갖춘 사람들이 학교의 행정업무를 처리하는 것이 훨씬 더 효율적이라는 믿음에서 시작된다. 교육 전문성과 행정 전문성을 동시에 갖춰야 한다는 이야기다. 교육 전문성이 무엇인지 나는 평생 알 수 없을 것 같으니 넘어가고, 내가 부딪히고 살아가는 업무들에 대한 전문성을 살펴보고자 한다.

첫 '업무'의 중요성

교직 첫 업무가 무엇인지는 매우 중요하다. 처음 배정받은 부서이기 때문에 앞으로의 교직 생활에 영향을 주기도 하고, 어떤 업무를 처음 접하게 되는가에 따라서 교사 본인이 바라보는 교직 생활에 대한 이미지가 형성되기 때문이기도 하다. 교무부는 교무부의 시선으로 학교를 보게 되고, 학생부는 학생부의 시선으로 학교를 보게 된다.

교사들은 교육과정 함께 만들기를 하며, 다음 학년도를 준비할 때 자신의 이전 부서를 적는 전통(?)이 있다(새로운 학년도 부서 배정을 하기 위해 인사자문위원회에 자신이 2~3년간 어떤 업무를 담당했었는지와 희망 부서를 함께 적어 제출한다). 업무를 순환하며 하기 위해 적는 것이라고 이야기를 들었지만, 학생부 선생님은 왜 그렇게 학생부를 벗어나기 힘든 것인지, 했던 업무를 지속해서 하는 경우도 꽤 많이 보았다. 아무래도 본인이 힘들었던 업무는 기피하기 마련이고, 안 해봤던 일을 찾아서 가는 경우도 있지만, 교직 경력이 오래될수록 익숙하고 해봤던 일을 찾아가는 것은 어쩔 수 없는 일인 것 같다. 그렇기에 첫 업무는 상당히 중요하다.

또한 말 그대로의 첫 '업무'를 어떻게 처리하는가도 교직 생활에 많은 영향을 끼친다. 월별 출결 마감이 될 수도 있고, 공문서 작성이 될 수도 있다. 공립학교 교사들은 정기적으로 학교를 옮겨 다니면서 옮기게 된 학교 문화에 적응하는 과정을 거친다. 이때, 기본적으로 교직을 시작하며 처음 배웠던 방법이나 문화를 기준으로 새롭게 옮기게 된 학교를 판단하게 되는 것 또한 어쩔 수 없는 일 아닌가 한다.

현재 근무하고 있는 학교의 문화가 어떤가를 피부로 느끼게 되는 순간이 첫 '업무'를 처리하는 순간이다. 규정대로 빨리 일 처리를 해야 하는 문화를 가진 곳이 있고, 조금 늦어도 이해해 주고 업무 마무리 기한을 제대로 지키지 않아도 교장, 교감의 강한 압박이 없는 곳도 있다. 어느 문화에 속하든 간에, 학교에 있는 동안에는 그 학교 문화에 적응하여 살게 되고, 다른 학교로 옮기게 되면 '전에는 그렇게 안 했는데' 하고 생각하게 된다.

첫 '업무'로 학교 운영에서 중요한 부분을 차지하는 업무가 배정되는 경우는 아주 작은 학교가 아닌 이상 드물다. 대체로 누구나 할 수 있을 것으로 생각하는 업무가 배정되고, 그렇기 때문에 업무를 처리할 때 있어서 행정 전문성이 필요하지 않다. 하지만 어떻게 처리했는가는 상당히 중요한 의미를 가진다. 일을 행정적으로 잘 처리했다면, 앞으로 학교 운영에 있어서 중요한 업무를 처리할 가능성이 높아졌다는 것을 의미하기 때문이다.

일을 잘한다는 것

교사에게 "일 잘하시네요"라는 말은 수업을 잘한다는 말이 아니다. 주변 교사들이 다른 교사들에게 말했던 "일 잘하시네요"를 되짚어 보면, 일 잘한다를 수업 잘한다는 표현으로 쓰는 교사들은 없었다. 수업을 어떻게 하는지 지켜본 교사들도 없을 뿐더러(그런데 동료평가의 중요항목은 수업이다), 어떤 방식으로 수업을 하는지 관심 있는 모습을 보이는 교사들도 없었다. 웬만한 교사들은 특별한 방법으로 수업을 하는 것도 아니고, 특별한 수업 방법을 배우는 연수를 다니는 것이 아니라면 따로 "저는 이런 방식으로 수업을 합니다"라고 말할 기회도 없기 때문이다. 결국 교사에게 '일 잘하시네요'는 '수업 이외의 업무를 잘 처리하시네요'라는 말과 같다. 그마저도 일을 한 당사자에게 직접 하는 경우는 드물다. 칭찬에 인색해서인 걸까?

일을 잘한다는 것은 전문성이 있어서 해야 할 일을 정확히 해낸다는 것으로 해석할 수 있다. 행정업무처리에도 전문성이 있기 때문에, 행정 전문성이 무엇인지 학교생활을 하면서 잘 알 수 있을 것 같지만 그렇지 않다. 교사들은 수업 이외의 업무들을 담당하고 싶지 않아 하고, 일을 잘한다고 칭찬받는 상황이 썩 달가운 상황이 아니기 때문이다.

요즘에야 학교 업무 정상화라는 이야기가 회자되고, 업무전담팀을 꾸리도록 교육청에서 꾸준히 이야기하지만, 전에는 그렇지 않았다. 일을 잘한다는 것은 일을 믿고 맡길 수 있는 사람이 생겼다는 의미이고, '너 일 잘하네'는 '너에게 업무를 몰아주겠다'라는 말과 같았다. 이런 문화는 어디서 생겼는지 알 수 없으나, 어느 직장이든 간에 같은 문화를 가지고 있다는 생각이 든다. 심지어는 일을 몰아주는 것이 그 사람을 인정해 주는 것이니 감사해야 한다는 느낌마저 들게 할 때도 있다. 나는 어처구니가 없는 생각이라고 느낀다. 그렇게 일을 몰아줄 거면 보상도 좀 몰아주든가. 그런 일은 당연히 없다. 여튼 그래서 아직 1급 정교사 자격증을 받기 전, 같은 연차의 교사들끼리 이야기를 나눌 때 "적어도 우리끼리는 누가 일 잘한다고 이야기하지 말자"라는 이야기를 하기도 했다. 일 잘한다고 말하는 사람이 어렵고 힘든 업무를 담당하게 되기 때문이었다.

 어려운 업무들에는 공통점이 딱히 없다. 학생들을 상대해야 해서 어려운 경우도 있고, 학부모를 상대해야 해서 어려운 경우도 있고, 교사들을 상대해야 해서 어려운 경우도 있고, 많은 규정을 알고 있어야 해서 어려운 경우도 있고, 학교 외부의 사람들을 상대해야 해서 어려운 경우도 있다. 그렇기 때문에, 공통의 행정 전문성을 찾는 것도 어렵다. 이러한 상황은 교사에게 행정 전문성을 높여야 한다는 생각은 전혀 들지 않게 만든다. 업무는 언제든지 바뀔 수 있는데 난이도는 업무별로 천차만별이니 무엇이 행정 전문성인가 하는 고민은 부질없는 것이다.

그래도 굳이 한 가지의 전문성을 찾아보자면 규정을 잘 아는 것이다. 행정업무의 가장 기본은 규정을 준수하는 것이고, 규정에 맞추어 행정업무를 처리하면 된다. 행정업무의 가장 기본이지만, 어떤 업무이든 간에 규정을 모두 숙지하고 있는 교사는 많지 않을 것이다. 규정은 세세하지만 어떤 때는 없는 경우도 많기 때문이다.

규정에 따라 업무를 처리한다는 기본원칙이 이제는 교육법 읽기로까지 확장된 것 같다. 물론 교육법 읽기는 현재 교사가 처해 있는 다양한 현실(아동학대로 인한 피소, 침해 당하는 권리를 제대로 보장받지 못함 등등)이 반영된 일이다. 당연하다면 당연한 일인데, 교육법 읽기 운동이 나에게는 '이 이외의 일은 안 할 거거든'으로 느껴지는지 모르겠다. 교육법 읽기가 퍼져나가게 된 배경 자체는 나쁘다 할 수 있고, 교사들이 법대로, 규정대로만 하는 상황은 딱히 좋다고도 할 수 없다(오히려 교육이념에 대해 교사들이 더 자주 읽으니 좋은 일인가?).

규정을 찾아 업무를 잘 처리할 때마다 교사에는 한 발 잘 다가간 것 같은데, 선생에서는 한 발 더 멀어지고 있는 거 아닌가 하는 생각을 지울 수가 없다. 선생에서는 멀어지고, 장학사에는 가까워지는 것 같다.

장학사

교사들이 행정업무처리를 잘하고 행정 전문성을 갖추게 되면 갈 수 있는 직종이 장학사다. 장학사는 기본적으로 교육정책을 제대로 시행하기 위한 학교의 여러 가지 제반 시설 확인 및 정책 실현 자문을 해주는 자리다. 과거에는 장학사가 학교를 감찰하는 듯한 분위기를 풍겼다. 지금은 학교를 어떤 방식으로 지원해 줄 것인가, 교육부 정책, 교육청 정책이 잘 실현되기 위해 학교에 필요한 것은 무엇인가 고민하여 도움을 주는 사람들이라는 의미가 커졌기 때문에 장학사라는 이름에 걸맞은 자리를 되찾았다고 할 수 있다.

 교사들은 학교 행정 처리에 문제가 있지는 않은지, 어떻게 행정 처리를 해야 하는지 궁금하면 바로 장학사에게 문의하면 된다. 물론 학교 행정상 문제가 발생한다면 장학사가 지적해 주고, 수정해야 하는 것 또한 당연히 이뤄지고 있다. 그만큼 장학사들은 행정 전문성을 더 갖추고 있다고 할 수 있지만, 가끔 어떤 문제가 있어 교육청에 문의할 때면 '장학사는 정말 행정 전문가가 맞는가?' 하는 생각이 들기도 한다. 장학사들도 결국 규정을 찾아봐야 하는 상황들이 많고, 장학사들도 지역과 업무를 순환한다. 교사가 행정 전문성을 갖추기 힘든 조건을 장학사들도 동일하게 갖고 있지만, 그나마 업무 연속성에 있어서는 해왔던 업무를 더 지속하게 된다고 들었다(장학사가 아니라서 자세한 사정은 모른다).

 어찌 되었든, 장학사는 교사보다 행정 전문성이 더 있을 것이라고 예측할 수 있다. 장학사라는 직업 자체가 행정업무처리 자체를 목적으로 하는 직종이니 당연하다. 그러나 대부분의 대규모 조직은 암울한 미래를 가지는데, 피터의 법칙이 적용되기 때문이다. 학교도 교육청도 마찬가지가 아닐까 하고 생각해 보았다.

피터의 법칙

 피터의 법칙은 간단하다. 자신의 능력이 되면 승진할 것이고, 능력이 되지 못하면 승진하지 못한다. 이걸 반복하게 되면 개인은 일을 잘할 수 없는 자리에서 승진이 멈춘다. 일을 잘 못해서 해고되거나, 그 자리에 머무르며 일을 계속 잘 못하게 되는 것. 피터의 법칙은 조직의 상부구조가 그 일을 잘할 수 없는 사람들로 채워질 것이라는 주장을 펼친다.

 각 직종과 직책에는 그에 걸맞은 능력들이 필요하다. 행정업무에 필요한 능력은 단순히 문서를 작성하는 능력부터 상황을 파악하는 능력, 현실에 규정을 적용하는 능력, 어떤 일의 결과를 판단하는 능력 등등 다양한 능력이 있으나 직책에 따라서 더 강조되는 능력은 다르다.

 교사가 행정업무를 처리할 때와 장학사가 되어 행정업무를 처리할 때 필요한 능력은 다를 것이다. 장학사가 되는 과정에는 당연히 적절한 능력을 갖추었는지 확인하는 시험절차가 있기 때문에, 교사들 중에서 장학사에게 필요한 능력을 갖춘 사람이 선발된다. 그러나 장학사에서 장학관으로, 혹은 장학사에서 교감, 교장으로 직책이 변할 때는 상황이 달라질 수 있다.

장학관, 교감, 교장은 하는 일이 다르기 때문에 필요한 능력이 다르다. 필요한 능력과는 별개로 어떤 능력을 갖춘 사람이 그 자리에 가게 되는가에 따라 각 행정업무에 영향을 끼치게 된다. 게다가 개인의 특성을 뛰어넘는 학교 문화, 교육청 문화가 함께 어우러지면 예측 불가능한 상황들이 연출되기도 한다. 관리자와 조직문화가 만나면 환상의 콜라보가 되기도 하고, 환장의 콜라보가 되기도 하는 것이다.

교장

학교에서 제일 행정 전문성을 갖추어야 할 사람이다. 그러나 행정 전문성을 갖춘 장학사 출신의 교장이 오면 학교 구성원들은 썩 반가워하지 않는다고 들었다. 일을 많이 해야 할 것 같은 느낌이 난다는데, 나는 교직 경력이 그리 길지 않아서 장학사 출신 교장선생님을 만난 적은 없다. 교장선생님마다 다양한 개인적 특성을 가지고 계셨지만, 공통적으로 느꼈던 것은 학교에서 만들어지는 모든 문서를 다 읽는 것 같지는 않다는 것이다. 다 읽을 여유도 없을 테고, 학교에서 만들어지는 일반적인 공문서는 1년간 거의 2만 건에 가깝게 생산되고 접수하니 다 읽는다는 것 자체가 너무 큰일이기도 하다. 학교에 오거나, 학교에서 만드는 모든 문서에 다 교장

결재가 필요한 것은 아니지만 대부분은 교장 결재가 필요하고, 그걸 다 읽어보는 교장선생님도 다 기억하지는 못할 것이다. '그런 일이 있었지' 하는 정도로 기억만 해도 다행인 것이다.

그렇다면 교장이 갖추어야 할 행정 전문성은 무엇인가? 역시 경영 능력이라고 할 수 있다. 한 기관의 장으로서 경영 능력을 갖추는 것은 기관의 성격에 따라 다를 것이고, 구성원의 조합에 따라서도 필요한 경영 능력이 다를 것이다. 그렇기 때문에, '이것이 꼭 필요하다'라는 결론에 도달하기가 어렵다. 대학 시절에 배웠던 교육경영은 교장이 될 때쯤이면 다 잊어버렸을 것이고, 교장 자격연수 때 배우는 다양한 교육 경영 관련 지식들을 어떻게 학교 현장에 적용할 것인지, 지식을 사용할 능력이 있는지 등은 교장의 자격과는 크게 관련이 없다. 교장은 교사 시절 열심히 점수 따서, 혹은 장학관까지 가서 인사 발령을 받는 것이기 때문이다. '학급경영을 잘했던 교사가 교장이 되면, 학교경영도 잘할 것이라고 추측할 수 있는가?'에 대한 대답을 나는 하지 못한다. 그러나 학급경영(실은 이 표현을 좋아하지 않는다)에 필요한 능력과 학교경영에 필요한 능력에 차이가 있을 것이라는 추측은 할 수 있다. 대상으로 해야 하는 사람의 특성이 다르고, 규모도 다르고, 목적도 다르기 때문이다. 결국 교사로 출발할 때 필요했던 능력과 교장으로서 출발할 때 필요한 능력은 너무나도 다르기 때문에, 학교경영을 잘한다고 이야기를 듣는 교장은 소수일 수밖에 없다.

그래서인지 다른 이유가 많아서인지는 알 수 없으나, 교장이 되려는 젊은 교사들은 드문 것 같다. 일은 일대로 하고, 학교에 대해서는 거의 무한에 가까운 책임을 져야 하지만 평가는 박한, 힘든 자리이기 때문이다.

교장은 행정 전문성과 경영 전문성을 고루 갖춘 사람이 교장을 하는 것이 좋은 것 아닌가 하는 생각을 계속하고 있다. 한편으로는, 내가 교사로서 놀고먹으려면(?) 전문성 없거나, 일하지 않는 교장이 좋은 게 아닐까? 하는 불순한 마음이 들 때도 있다. 교장에 대해 어떤 시선으로 바라보든지 간에, 지금처럼 경력, 연수, 벽지근무 여부 등을 점수로 만들어 교장 직무를 원하는 사람에 대해 평가하는 것도 중요하다. 그러나 교사에서 출발하여, 행정 전문성과 경영 전문성까지 뛰어난 교장을 만드는 시스템을 갖추고, 전문성을 발휘할 수 있는 교장 육성 혹은 교장 선발체계가 마련돼야 한다고 본다. 그게 내가 마련할 것은 아니지만. 교육행정을 전공하시는 분들이 체계적으로 잘 만들었으면 좋겠다.

그래도 생활지도

"교사가 교사로서 존중받는 가장 중요한 부분은 생활지도다"라고 말하고 싶다. 그러나 아니다. 이제는 더 이상 아니다. 교사의 생활지도가 아동학대가 되어버린 순간에는 더욱 아니다. 하지만, 교사가 선생 혹은 스승으로 불릴 수 있도록 만들어 주는 것은 결국엔 생활지도와 관련 있다. 굳이 선생 혹은 스승과 상관없이도 교사에게 생활지도는 떼려야 뗄 수 없는 중요한 부분이다. 항상 학생들을 만나고 있고, 학생이 없다면 교사의 존재 이유도 없기 때문이다. 시험 기간 학생들이 일찍 귀가한 학교에 남아 정적을 느끼고 있으면 매우 평화롭다. 그러나 그 정적이 지속된다면 학교는 없어질 것이다. 교사는 결국 학생을 만나는 직업인이고, 학생과의 '만남'에서 빠질 수 없는 것이 생활지도다.

요즘 고등학교 교사들은 생활지도보다는 진로(진학)지도에 더 많은 관심을 기울이고 있는 것 같다. 사람은 하고 싶은 것이 생기면 하고 싶은 것을 하기 위한 노력을 기울이고, 노력을 기울인다는 것은 무언가를 계속 꾸준히 하고 있다는 것이기 때문이다. 학교에서 진로에 대해 꾸준히 고민하게 하고, 무언가 지속할 수 있도록 도움을 주면, 지도를 잘 따라오는 학생들은 자연스럽게 생활 습관도 좋아진다.

문제는 잘 따라오지 않는 학생들이다. "이거 해라, 저거 해라, 이건 하면 안 된다, 저건 하면 안 된다"라는 말을 잔소리로 듣고 하기 싫다고 떼쓰는 학생들은 항상 있었다. 내버려두면 알아서 잘할 것 같지 않으니 계속 이야기를 하는 건데, 해야 한다고 계속 이야기하는 나는 꼰대가 된다. 그래서 몇 마디 하고 나서 기다리면 역시나 아무것도 안 하고, 나중에 뭐라고 이야기할 때가 되면 안 알려주지 않았냐고 말한다. 오해가 있을 수 있어 하는 말인데 모든 교사는 학생에게 어떤 일을 안내할 때 적어도 한두 번씩은 말한다. 아무것도 안내하지 않는 교사는 한 번도 본 적이 없다.

계속 말을 해도 듣지 않는 학생을 보면 교사의 자존감은 무너지고, 말해주었던 것도 왜 말 안 해줬냐고 말하는 모습을 보아도 '내가 어떻게 해줘야 하나' 하고 고민하게 된다. 이건 생활지도 측면에서 더욱 심하다. 몇 년 전 인터넷에서 글을 한 편 본 적이 있다. 지하철에서 장난치는 아들에게 장난치지 말라고 말했던 엄마에 대한 글이었다. 아들에게 장난하지 말라고 이야기하자, 아들이 "엄마. 나한테 그 말 100번 넘게 했지. 그래도 안 들었으니까 아마 계속해도 안 들을 거야. 그러니까 안 하면 안 돼?"라고 하는 내용의 글이었다. 엄마는 어떤 마음이 들었을까 고민해 볼 새도 없이, 나는 '이 녀석이!'라고 화부터 났다. 그런 비슷한 상황은 자주 있었고, 하지 말라는 행동을 하다가 결국 다치고야 마는 녀석들이 생각났다.

"생활지도와 관련된 전문성이 있는가?"라는 질문에 대한 나만의 답은 아직 내리지 못했다. 사범대에도 상담과 생활지도라는 과목이 존재하고 해당 과목을 배우기는 했지만, 결국 대부분은 상담과 관련된 것이고 실천 과제로서의 생활지도로 한정되어 배우기 때문이다. 그럼에도 불구하고, 역시 노력하시는 선생님들이 무척 많기 때문에 관련 책들은 꾸준히 나오고 있다. 회복적 생활교육부터 시작해서, 학급 긍정 훈육법 등등 다양한 방법들을 찾아볼 수 있다.

 교사가 선생과 스승이 되려면 결국엔 상담과 생활지도의 전문성을 갖춰야 하는데, 학교는 이 부분을 이제 전문상담교사로 대체하고 있다. 전문상담교사들을 따로 두어 문제행동에 대한 전문적인 상담이 가능하도록 하고, 어려움을 겪는 학생들에게 전문상담교사가 역할을 할 수 있도록 제도가 지속적으로 보완되고 있다. 진로 교육은 진로교사로, 문제행동은 상담교사로 분화되고 있는 것이다. 세상이 앞으로 나아가고 있다는 생각과 함께, 선생과 스승이라는 길은 점차 멀어지고 있다고 느낀다. 혼자서는 감당할 수 없던 일들이 점차 나뉘어 각자 전문성을 갖추는 것은 바람직한 일이다. 함께 모여 사는 세상이니 당연한 일이다.

 그래도 혹시나 아쉬움을 느끼고, 선생과 스승을 꿈꾸는 교사라면 각자 자기만의 방식을 찾게 된다. 나도 그렇다. 생활지도 전문가라고 이야기할 수 없지만, "무엇이 꼭 필요한가?"라는 질문에는 대답할 수 있을 것 같다.

소통

교사가 하는 대부분의 일이 학생 성장과 관련이 있다. 성장은 하지 못하던 것을 할 수 있게 하는 것이라는 생각에 따라, 생활지도도 결국 성장을 목표로 한다. 성장을 했다는 것은 절제하지 못했던 것을 절제하거나, 인사하지 않던 학생이 인사하게 되거는 등 행동으로 나타나야 한다. 행동으로 나타나지 않는 성장은 판단할 수 없기 때문이다. 학생이 겉보다는 속으로 많은 성장을 이뤄냈다고 뿌듯해하는 선생님들이 있다. 그러나 성장했다는 평가를 자세히 살펴보면 학생들이 보여주는 작은 행동 변화를 보며 선생님 스스로 해석하는 것일 뿐이다. 선생의 조건 중 하나는 작은 변화를 잘 찾아내는 것일지도 모른다. EBS 프로그램 〈학교의 고백〉 '잘난 아이들' 에피소드 중 인터뷰를 하시던 선생님께서 1학년 때 교실에서 담배를 피던 놈이, 2학년이 되면 담배를 숨기고, 3학년이 되면 담배를 끈다며, 그 정도의 변화가 있는 거라고 말씀하시는 모습을 보며 난 아직도 한참 멀었다고 생각했었다.

여튼 학생이 생활 측면에서 어떤 성장을 이뤄냈는지 확인하는 과정은 수업 전문성과 별반 다르지 않다. 학생을 진단하고, 이후 평가하면 된다. 생활지도 측면에서 이 부분이 어려운 이유도 수업 전문성과 마찬가지다. 학생을 진단하는 것도 어렵고, 이후 평가하는 것도 어렵다. 단순히 "저 학생은 원래 착하지"와 같은 말로는 제대로 된 성장을 파악할 수 없는 것이다. 수업 전문성과 다르게 생활지도 측면에서는 학생을 파악할 때 다양한 방식을 사용할 수 있다. 어차피 생활지도는 객관적 평가를 요구하는 분야가 아니므로, 전문적인 판단을 요구하는 상황(정신질환 등)이 아니라는 전제하에 많은 이야기를 해보면 학생을 진단할 수 있다. 교사도 결국엔 삶을 살아온 사람이므로 학생과 이야기를 하고, 학생이 하는 행동을 보면 학생에 대한 주관적인 판단을 하는 것이다.

　삶을 살아온 경험이 교사들마다 다르다고 말하고 싶지만, 교사 집단의 다양성은 이제 점차 없어지고 있다고 느낀다. '사범대학에 진학하겠다', '교사가 되겠다'고 마음먹는 학생들은 가르치는 사람 입장에서 모범적인 생활 태도를 갖고 있다고 볼 수 있는 경우가 대부분이다. "되게 편해 보여서 교사가 될래요"라고 말하는 학생들은 결국 교사를 꿈꾸지 않았다. 그래서 비슷한 삶의 경험을 한 사람들이 계속 학교로 오고 있다. 교사들에 따라 개인적 말투는 조금씩 차이가 있어도, 소통방식은 서로 비슷한 교사들이 많아지고 있다고 느낀다.

　교사와 학생의 소통방식에 대한 책들도 이미 많이 만들어져 있다.《교사와 학생 사이》부터 시작해서 나열하자면 책 한 쪽은 금방 채울 것이다. 소통방식도 '좋은 방식'으로 하기 위해 배우고 노력하는 선생님들이 많다는 증거가 아닐까 한다.

　하지만 소통방식은 지극히 개인적인 특성이라서 전문가들이 만들어 낸 방식을 그대로 따라 하는 것 자체도 버거울 때가 있다. 또한 소통방식은 습관이라서 한 번에 쉽게 바뀌지도 않는다. "좋은 소통방식이 여기 있습니다" 해도 내 것으로 만드는 데 많은 노력을 기울여야 한다. 모든 전문성 분야가 그렇듯 노력 없이는 아무것도 가질 수 없다.

소통방식의 변화는 교사의 삶을 근본부터 바꿔야 하는 경우도 종종 있다. 나처럼 비관적인 관점과 태도로 소통을 시작하면 생활지도는 잘 이뤄지지 않는다. 그럴 경우 관점과 태도 모두 바꿔야 한다. 쉽지 않은 일이나, 좋은 교사나 좋은 선생님이 되려면 꼭 거쳐야 하는 과정이다. 나는 아직도 노력 중이다. 혹은 아무런 노력을 하고 있지 않기도 하다.

카리스마(charisma 혹은 charm)

다른 교사들은 중요하게 생각하지 않을 수 있지만, 꽤 중요한 부분이 아닌가 한다. 전혀 상관없어 보이는 이야기로 시작하면, 학생들 사이의 관계 개선(얼굴만 마주치면 계속 싸워서)이 필요한 상황이 왔을 때, 나는 무척 큰 어려움을 겪었다. 두 학생 모두 나와는 이야기가 잘되었지만, 정작 둘이 있는 상황에서는 아무런 진척이 이뤄지지 않고, 때로는 다시 나빠지곤 했다. 그때 나에게 위로가 되었던 오은영 박사님의 말이 있었다. "선생님들이라고 학교에 있는 모든 분들하고 친하게 지내시나요? 같은 사무실에 30명 가까이 선생님들이 계신데 모두와 똑같은 친분을 가지고 계신가요? 그런데 왜 학생들에게는 그걸 강요하세요?"와 같은 말이었다. '그렇지. 왜 나는 학생들에게 불가능한 걸 강요하고 있는가?' 하는 생각에 그 뒤로는 '좋은 관계 만들기'에서 '아무렇지 않게 지내기'로 학생들과 상담 주제를 바꾸게 되었다. 그래도 결국에는 한 명이 전학을 가버렸다. 그런 일이 있고 난 뒤에 다시 한번 생각해 보니, 나라고 해서 모든 학생들과 항상 좋은 관계였던 적이 없다는 것을 깨닫게 되었다. 담임교사로서 학생을 만나는 순간에도 모든 학생과 좋은 관계를 유지한다는 것은 나에게 가능하지 않았다. 소통 부분에서 이야기했듯이 내가 소통에 좋은 태도와 관점을 가지고 있지 않기 때문이다. 그럼에도 불구하고, 같이 이야기한 나는 딱히 한 게 없는 것 같은데 "선생님, 감사합니다"라고 말하게 만든 힘은 무엇일까 하는 것이다. 내가 내린 답은 '인간적인 매력 혹은 카리스마'이다.

  모든 사람은 각자 개성을 가지고 있다(이 말은 어떤 학생들에게 무척 무거운 짐이지만, 맞는 말이니 자주 하는 편이다). 그중 한 가지는 사람이 끌려오게 하는 힘이다. 우리나라에서 쓰는 단어로 뭐가 좋을지 아직 찾지 못하였지만 다른 언어로는 카리스마가 가장 적절하다고 생각한다. 매력으로는 정확히 표현되지 않는 무언가가 있다.

  학교에서 하는 모든 일은 교사가 하는 말을 학생이 들어줄 때 가능하다. 학생이 교사를 무시하는 순간 학교는 아무것도 할 수 없다. 학생이 교사의 말을 듣게 하기 위해 사용하는 수단은 매우 다양할 것이다. 교칙이 될 수도 있고, 미래에 대한 걱정이 될 수도 있고, 보호자(학부모)의 도움이 될 수도 있다(때로는 보호자가 교사에게 도움이 되어달라고 요청하기도 한다). 하지만 가장 효과가 좋았다고 생각한 것은 교사가 가진 카리스마다. 교사 개인이 가지고 있는 카리스마의 원천이 무엇인가는 각자 다 달라도 학생들은 많은 변화를 보여주었다. 이끌린다는 것만으로도 그 사람의 이야기에 집중하게 되고, 집중한 만큼 변화의 가능성도 크기 때문이다.

카리스마가 가진 가장 큰 문제는 내가 가진 카리스마가 학생마다 다르게 작용해서, 내가 하는 말에 모든 학생이 똑같이 따라오게 하지는 않는다는 것이다. 모든 사람과 좋은 관계를 맺는 것이 가능하지 않듯이, 모든 사람에게 내 카리스마가 통한다는 것도 가능하지 않다. 아니, 내가 가진 카리스마가 어떤 사람에게는 정말 꼴도 보기 싫은 부분일 수도 있다.

카리스마의 또 다른 문제점은 '그 사람' 앞에서만 행동 변화가 나타날 수 있다는 것이다. '그 사람'이 가지고 있는 카리스마에 대한 인간적인 이끌림이기 때문에, 다른 사람에게는 행동 변화가 없을 수 있다. 주변 선생님들에게서 '큰 변화가 있던 학생'이라고 평가받는 학생들 대부분은 대체로 학생이 마음에 들어 하는 그 선생님 앞에서만 말을 잘 들었다. '관계의 깊이 차이'가 만들어 낸 것이라고 이야기할 수 있지만, 사람들이 생각하는 것보다 '관계의 깊이'를 만들어 낼 만큼의 만남 기회가 학교 내에서는 잘 없기 때문에, 그나마 학생의 행동 변화를 이끌어 낸 것이라고 말할 수 있는 것은 인간적인 이끌림, 카리스마라고 생각한다.

카리스마를 교사 전문성의 한 부분으로 설명해야 한다고 생각하지는 않지만, 카리스마가 얼마나 있는가는 교사마다 다르다는 것을 인정해야 한다. 같은 교사가 보아도 어떤 교사는 인간적인 이끌림이 넘치는 사람이구나 하고 느껴지기도 하고, '저 사람은 왜 저럴까' 하기도 하는 것이다. 학생들이라고 해서 별반 다르지 않을 것이다. 각자가 이끌리는 선생님이 다를 것이다. 그러니 만난 지 1주일도 안 되는 사이라고 해도 누구의 말은 듣고 누구의 말은 안 듣고 하는 것이다.

카리스마의 원천은 각자 다를지라도 그 영향은 분명히 있다. 나는 비관적인 관점과 태도를 가지고 있지만, 어떤 학생은 그런 나를 "현실적이고 인간적이시네요"라고 이야기하며 따른다. 결국 선생과 스승은 교사인 내가 될 수 있는 것이 아니다. 나에게 이끌려 온 학생들이 나를 선생과 스승으로 만들어 주는 것이다.

그러니 학생이, 혹은 다른 사람들이 내 말을 듣지 않는다고 실망하고 아파하기는 적당히 해야 한다. 학생들이 내 말을 안 듣는 게 내가 못나서가 아니다. 그저 '둘이 잘 안 맞았을 뿐이다' 하고 스스로를 위로해야 한다. 나랑 잘 안 맞는 학생들이 많아서 문제지만.

교사가 하는 일: 아무도 모른다

교사들은 서로가 보이지만, 가려고 마음먹기는 힘든 군도 같다. 저 멀리서 연기가 피어오르는 게 불이 나서인지, 봉화를 올린 것인지도 알 수 없다. 연기가 잦아들어도 불이 꺼진 것인지 더 이상 전달할 소식이 없는 건지도 도통 알 수 없다.

교사들은 계속 무언가를 하고 있는데, 서로 무슨 일을 하고 있는 건지 잘 모른다. 서로 수업은 어떻게 하고 있는지, 업무는 어떻게 처리되고 있는지, 담임으로서 어떻게 하고 있는지 잘 공유하지 않는다. 내가 교무실에 앉아 웹툰을 보면서 속으로 낄낄대고 있어도, 겉으로 티가 나지 않는다면 아예 모른다. 어쩌면 내가 서로의 일에 대해 잘 공유하지 않는 학교에서만 근무를 해서일지도 모른다. 큰 규모의 학교일수록 서로가 서로를 잘 안다는 것은 어려운 일이고, 사무실마저도 이곳저곳에 퍼져 있다면 얼굴조차 잘 모르는 사이가 되기도 한다. 아니면 그저 내가 사람들과의 교류가 많지 않은 개인적인 사람이어서 그랬는지도.

　관리자(교장, 교감)도 아닌데 서로가 하는 일에 대해 참견하는 것 마냥 보이는 것도 안 좋은 일이다. 오지랖이라는 병(내가 고치려고 노력하는 그 병!)은 학교에서 더욱 안 되는 일인 것이다. 서로에게 관심이 없는 것인지, 서로를 믿는 것인지 판단할 수는 없지만 어쨌거나 할 일들은 하고 있고, 학교는 운영되고, 학생들은 들어왔다 생활하고 나간다.

　학교가 아무것도 없이 운영될 리는 없다. 여러 매뉴얼들이 있고, 규정과 규칙들이 있고, 그 속에서 생활하는 사람들이 있다. 나는 당연하게도 학교에서 벌어지는 모든 일에 대해 자세히 알지는 못한다. 그저, 그동안의 경험들을 바탕으로 교사들은 어떤 일을 하고 있는지 정리해 본다.

교사가 하는 일: 수업

　수업을 얼마나 하고 있는가는 교사가 속한 학교 급마다도 다르고, 학교마다도 다르다. 초등학교는 체육, 음악 등등 전담 선생님이 맡아주시지 않는 한, 계속 수업을 한다. 중학교는 고등학교보다 상대적으로 많은 수업시수를 가지고 있지만, 실제 수업 시간은 고등학교와 큰 차이가 나지는 않는다. 고등학교보다 중학교가 시수 자체가 많고, 진행해야 하는 수업 횟수가 많은 것은 분명하다. 하지만 이는 평균적으로 그렇다는 것이고, 학교 규모에 따라서 수업 시간은 차이가 난다. 학년당 학급 수가 가장 정확한 표현인데, 학급 수가 많으면 많을수록 교사가 담당해야 하는 수업 시간은 많아진다. 같은 월급을 받고 수업을 누구는 더 많이 하고, 누구는 더 적게 하고 하는데 당연하다면 당연하고, 당연하지 않다면 당연하지 않은 일이다. 성과급도 누구는 더 주고 누구는 덜 주는데 그게 수업 시간에 따라 나누어야 하는지, 하고 있는 업무에 따라 나누어야 되는지도 학교마다 다르기 때문에 뭐라 판단하기 애매한 것 같다.

　수업을 하지 않는 교사는 없다(라고 하기에는 영양, 사서와 같이 학교 환경에 따라 수업을 하지 않는 경우들도 있다). 적게라도 하고 있고, 학교마다 분위기는 다르겠지만 평균적으로 얼마나 수업하시는지 평균

시수를 내어 그 차이가 많이 나지 않게 하려고 노력한다. 그동안의 경험을 되돌아보았을 때 수업을 많이 하겠다고 자청하는 교사는 드물었다. 어떤 때에는 여러 과목을 담당해야 할 때도 있는데, 교사들은 당연히 적은 과목 수를 담당하고 싶어 한다. 대체로 '무엇이든 적게 하면 좋지'라는 생각을 하는데, 직장인이라면 누구나 일은 조금 덜 하고 싶은 게 당연한 것 아닐까?

　여하튼 수업은 교사가 하는 일 중에 가장 중요하고, 교사의 존재 이유이고, 대한민국 국민이라면 거의 다 거쳐 간 일이다. 그렇기 때문에 사람들은 수업에 대해 다들 잘 알고 있다고 생각하기 쉽다. 하지만 수업을 하기 위해 교사들이 어떤 노력을 기울이는지는 잘 모를 것이다. 가끔, 유명한 서점들에 가면 직업이 교사라는 핑계로 항상 교육 코너에서 한 시간 정도를 보내곤 한다(이 책이 그곳에 꽂혀 있는 생각을 하면 즐겁다). 서점 교육 코너에 꽂혀 있는 수업 관련 책을 보면 마음 한구석이 따듯해 지다가도 아프곤 한다. '다들 많이 노력하고 있구나' 하고 생각이 들다가도, '나는 이렇게 안 하는데 큰일이구만' 하고 생각하게 된다. 내 마음이 어떤가는 상관없다. 어떤 수업방식을 쓰든 간에 해야 할 일은 해야 한다. 모든 교사가 수업과 관련해 꼭 해야 하는 일은 이렇다.

평가계획서 및 진도표 작성

　학기 초에는 많은 업무들이 몰려 있는데, 그중 하나가 평가계획서와 진도표를 작성하는 일이다. 수업을 진행할 때 해야 하는 가장 중요한 일이다. 교사들마다 각자 스타일이 달라서, 평가계획을 만들기 시작하는 시기도 다 다르다. 평가와 관련된 업무를 담당하는 선생님이 기한을 주는 날 전날에 계획을 짜시는 분들도 계시고, 2월 교육과정 함께 만들기가 끝나자마자 계획을 세우시는 분들도 있다. 대체로 3월 개학 이후 4월이 되기 전에 계획을 마무리하게 되는데, 학교마다 평가계획과 진도표에 대해 중요하게 생각하는 정도는 매우 달랐다. 학생들이 평가에 얼마나 민감하게 반응하는가가 영향을 주었다고 느낀다. 혹은 과거와 현재의 차이일 수도 있다. 해마다 평가계획에 대해 교육청 차원의 요구 사항과 지적 사항도 늘어나고 있기 때문이다.

　최근이라고 하더라도 평가계획에 민감하게 반응하는 경우도 있고, 아닌 경우도 있다. 어느 학교에서는 평가계획일 뿐이니, 실제와 달라도 상관없다고 하는 경우도 있고, 평가계획대로 해야 하는 만큼 철저하게 따져서 해야 한다고 하는 경우도 있었다. 수행평가 계획도 이때 세우게 되는데, 예시일 뿐이니 그대로 따를 필요가 없다고 하는 선생님도 계시고, 공시가 되는 것이니 꼭 그대로 따라야 한다고 말하는 선생님도 계셨다.

평가계획은 학사일정에 정해진 정기고사 기간에 치러지는 지필평가와 수시로 치러지는 수행평가로 나누어 계획한다. 지필평가와 수행평가를 각각 어떤 비율로 나눌 것인지 미리 정해두어야 하고, 지필평가 중 서·논술형의 비율은 얼마나 할 것인지, 수행평가는 몇 개를 어느 정도의 비율로 할 것인지도 정해야 한다.

평가는 교사의 고유영역이니 각각의 비율을 어떻게 하든지 크게 신경 쓰지 않는 편이다. 교육청 지침에 어긋난 것은 없는지 확인하는 것에서 거의 끝난다. 게다가, 평가 업무 담당 선생님이나 교무부장, 교감 선생님의 역량에 따라 얼마나 자세하게 평가계획을 확인할 것인지가 달라질 수 있기 때문에 학교마다 상황이 다르다. 심심해서(…) 다른 학교들은 어떻게 평가하는가 하고 전국적으로 유명한 학교들과 내가 근무하는 지역 학교들의 평가계획서를 학교알리미를 통해 봤을 때 너무나 천차만별이라서 깜짝 놀랐던 일도 있다. 같은 과목을 가르치는 사람들 맞나 하고 놀라고, 같은 학교라도 달라서 놀라고, 같은 지침을 받는 게 맞는지 의심스럽기까지 했다. 자세히 뜯어보면 딱히 안 지킨 것도 없다는 게 더 신기했다.

비율을 정했으면 시기도 정해야 하는데, 학생들의 민원 중 하나가 "수행평가가 겹치는 게 너무 많아요"가 있던 시절이 있어서(여전히 그렇지만), 수행평가는 수시로 치러지지만 시기를 정해야 하는 아이러니한 상황을 연출하기도 한다. 시기를 정한다고 해서 과목별로 시기를 배분하는 경우는 보지 못했다. 수행평가 시기를 평가계획서에 적으라는 것도 그저 하라니까 하는 탁상행정이라고 느낀다.

평가계획서를 작성하면서 같이 진도표도 작성하게 된다. 진도표는 학사일정에 따라 학생들에게 어떤 내용을 가르칠지 사전에 계획해 둔 표다. '너희 반이 진도가 제일 느려'의 그 진도를 표로 작성해 둔 것인데, 대체로 수업시수(한 학기 동안 배워야 하는 시간)를 확인하는 용도로 더 많이 쓰인다.

개인적으로 진도표를 작성할 때마다 항상 고민이 되는 게 학사일정에 따라 확실히 반별로 진도가 달라지는 경우가 많다는 것이다. '너희 반이 진도가 제일 느려'는 의외로 자주 벌어지는 일이고, 그래서 학창 시절에 항상 빠지지 않고 들었던 말이기도 한 것이다. 중간에 맞춰서 작성하자니 항상 수업 시간은 모자라고, 여유롭게 수업시수를 계산해서 작성하자니 정작 그대로 수업하면 어느 반은 시간이 너무 많이 남게 된다. 이런 고민을 다른 교사들과 나눠 본 적은 없기 때문에 어떻게들 하고 계신지 모르지만, 결국엔 교과서의 모든 내용을 한 학기 혹은 1년 동안 다 배울 수 있도록 짜게 된다. 고교학점제가 들어오면서 이제는 모든 내용을 한 학기에 다 가르치도록 짜게 될 것이다.

평가계획공지

대체로 평가계획서가 마무리되면 공지가 된다. 지역, 학교마다 차이가 있을 것으로 생각되지만 내가 다른 지역(타 시도)에서 근무해 본 적이 없기 때문에, 어떻게 공지하는지는 내가 경험했던 학교의 사례만 알 수 있다. 같은 학교에서 근무하더라도 선생님들의 스타일에 따라서 천차만별의 모습을 보여준다.

어떤 선생님은 매우 자세한 평가계획을 공지하시는 경우도 있고, 어떤 경우에는 '뭐를 하고, 날짜는 언제다'만 공지하시는 경우도 종종 있었다.

모든 선생님은 항상 언제 어떤 평가를 하는지 공지하신다. 친절하게 공지하는가가 '좋은 선생님'의 조건인가를 고민해 본 적도 있었지만, 친절함이라는 특성이 중요한 것이지 공지 자체는 중요한 것이 아니라는 결론을 내렸다.

진도표에 따른 개별 수업 준비

나는 임용 시험을 준비하는 대학교 4학년 때 고등학교 1학년 교과서를 가지고, 모든 수업 차시의 수업계획서를 작성해 본 적이 있다. 지금에서는 참 부질없었구나 하고 느낀다. 장기적으로는 교육과정이 변하면 교과서도 변하기 때문에 쓸모가 없다. 임용 시험 칠 때 모의 수업 내용으로 고등학교 1학년 내용이 나와서 도움이 되었지만, 교직 첫해조차도 내가 수업계획서를 만들었던 교과서를 발령받은 학교에서는 쓰지 않았다.

이런 경험을 겪다 보니 매해 수업계획은 대체로 그때그때 짜는 편이다. 대학에서 배운 수업계획방식 그대로 짜기보다는, 교과서 제작업체에서 제작한 수업자료들을 바탕으로 다른 교과서에서는 어떤 방식으로 구성되어 있는지 비교하면서 첨삭하는 과정을 거친다. 고등학교에서 근무하면 EBS 교재라는 막강한 교재가 항상 존재하기 때문에 안 볼 수가 없고, 시간적인 여유가 되면 문제집들도 살펴보면서 어떻게 구성해 놨는지 파악한 후에 수업을 준비한다.

매년 같은 행동을 하다 보면 요령이 생기기 마련이고, 같은 내용을 반복하다 보면 자연스럽게 수업 준비를 덜 하게 되기 마련인데, 수업 준비 시간은 교직 첫해와 지금도 큰 차이가 없는 걸 보면 내가 첫해 때부터 수업 준비를 날로 했구나 하고 생각하게 된다.

수업 준비를 하시는 선생님들을 몰래 훔쳐보면, 역시 선생님들은 수업에 진심이시고, 항상 고민하고 계시고, 요즘 트렌드는 무엇인지 알 수 있게 된다. 특히 영어 선생님들이 수업 준비 하시는 모습을 볼 때마다 진짜 고생이 많으시구나 하고 생각하게 되는데, 모든 단원에 항상 활동지가 다르고, 학생들을 집중하게 만들기 위해서 자꾸 무언가 만들어 내시는 모습을 보면서(대체로 그러셨는데, 아닌 분들도 당연히 있었다), '내가 영어 교사가 아니어서 참 다행이다' 하고 생각하게 된다. 그렇다고 다른 교과 선생님들이 수업을 대충 준비한다는 게 아니다. 다들 각자 교과의 수업 준비 고생 포인트(?)가 다른데 '나는 영어랑은 진짜 안 맞는구나' 하고 생각한다는 것이다.

질문하기

모든 수업에는 질문이 있다. 하다못해 "이거 알겠니?"와 같은 질문이라도 하게 된다. 질문이 없는 수업은 없지만, 학생들 머릿속에 남는 질문 또한 거의 없을 것이다. 질문을 하는 이유는 함께 소통하고 있다는 느낌을 주기 때문일지도 모르고, 교사인 내가 하는 말을 잘 듣고 있는 건지 궁금해서 하는 것일 수도 있다.

만약 선생님에게 "질문을 한 번도 하지 않고 수업을 진행하시면 1억을 드리겠습니다!"라는 도전과제를 준다면 어떤 선생님들은 도전하겠지만, 실제로 성공하는 선생님은 많지 않을 것이다. 추측하건대 없을 것 같다. 질문 없는 수업을 성공한다고 해도 그건 그대로 문제다. 수업을 했다고 할 수 있는 걸까?

질문하기는 교사라면 누구나 수업 시간에 사용하는 수업 도구이기 때문에, 매우 중요하다고 생각한다. 중요하다고 생각하는 나조차도, 같은 내용의 수업을 할 때 학생들에게 항상 똑같은 질문을 하지는 않는다. 수업 상황에 따라 유연하게 바뀌기도 하는 것이 질문이기 때문이다.

어떤 질문을 어떤 상황에 하는 것이 좋은지 배우고 익혀서 알고는 있지만, 그대로 하기는 매우 어렵다. 답이 정해져 있지 않은 개방형 질문을 자주 하고 싶지만, 예와 아니오로 답하게 되는 질문을 자꾸 하게 되는 이유는 수업 시간에 전달해야 할 말들이 너무 많기 때문이다. 시간은 없는데, 학생들이 잘 듣고 있는 게 맞는지 확인하려는 질문을 자주 하게 되어서 나도 반성을 자주 하게 된다. 나름 고민해서 쓰는 방법이 두 가지 중 한 가지를 골라야 할 것 같지만 실은 둘 다 정답인 질문을 자주 하는 것이다. 1년 동안 써먹어도 항상 낚이는 아이들을 보면서 내가 나쁜 것인지, 아이들이 순진한 건지, 사람이라면 누구나 다 그런 건지 생각하게 된다. 10년 넘게 한 가지만 고르는 질문을 받는 학생들이 조금 불쌍하다가도, 수행평가를 해야 하는 학생들을 생각하면 더 불쌍하다.

수행평가

내가 학생으로 학교에 다니던 시절의 수행평가와는 질적, 양적으로 차원이 다른 수행평가가 이뤄지고 있다. 각 교과별로 다양한 종류의 수행평가가 이뤄지고, 수행평가는 곧 성적으로 이어지기 때문에 학생들이 민감하게 반응하기도 한다.

한 학년의 동일한 과목을 학급마다 다른 선생님이 평가해야 할 때면, 항상 공정성 시비에 휘말리게 되는 분야도 수행평가다. "어느 선생님은 수행평가 점수를 너무 잘 주셨는데, 우리 선생 새끼(?)는 왜 이따구냐"부터 시작해서 "옆 반 수행평가는 엄청 쉬운 건데 우리는 개고생하는 수행평가다. 저 새끼가(?) 우리를 말려 죽이려고 작정했다" 등등(내가 직접 들은 말은 아니다…) 불만의 목소리가 있을 수 있다.

　수행평가가 공정하게 이뤄지는 것과 공평하게 이뤄지는 것은 생각보다 차이가 있다. 수행평가가 공정하게 이뤄지기 위해서는 학생이 실제 수행한 내용에 대해 평가가 이뤄져야 하고, 평가 기준은 사전에 만들어지므로 그에 따라 학생 수행 과정을 평가하면 된다. 그러나 공평이라는 개념이 들어오면 평가는 복잡해진다. '각 반별로 평균 점수는 차이가 거의 없어야 하고, 점수 분포가 균일하게 배분되어야 한다'라고 생각하시는 선생님과 함께 수행평가를 해야 하면, 공정한 평가는 이뤄지기 어려울 수 있다. 학생들은 자기 점수에 관심을 갖기 마련이고, 다른 반 혹은 다른 학생은 어떤 점수를 받아 가는지도 궁금해한다. "너희 반 평균은 몇 점이냐, 우리 반 평균은 몇 점이더라" 등등의 이야기가 오가는 환경이 되면 교사들도 어쩔 수 없이 공평한 점수 배분을 신경 쓰게 된다. 각 교사가 수행평가는 알아서 하되, 점수별로 학생의 비율을 맞추자는 이야기가 오갈 수도 있고, 모두 동일한 수행평가를 하기 위해서 각 교사의 주관이 들어갈 만한 평가는 배제되고 지식의 정도를 확인하는 총괄평가와 다름없는 수행평가가 이뤄지기도 한다.

한 학년을 전담하는 경우에도 공정한 평가를 하다 보면 당황스러울 때가 있다. 반 분위기에 따라 수행평가는 전혀 신경 쓰지 않는 반이라면, 평균 점수가 무척 낮게 나오는 경우가 있기 때문이다. 평가이기 때문에 공정하고 솔직하게 점수를 부여하다 보면 어쩔 수 없다. 하지만 가르치는 사람의 입장에서 내가 무엇을 잘못한 것은 아닌지 다시 한번 되돌아보게 되고, 수업 시간의 상황과 평가의 상황을 모두 되돌아보며 잘못된 점을 찾게 된다. 평가 결과를 조작할 수는 없으므로 수정되는 경우는 거의 없다. 또 다른 경우로는 같은 교사가 평가하더라도 수행평가 방법에 따라, 혹은 상황에 따라 학생이 수행하는 내용이 달라져 평가에 대한 일관성을 갖추기가 어려워질 수도 있다.

수행평가라 하더라도 최대한 객관적으로 평가할 수 있도록 제도적인 방안들이 마련되고 있지만, 그러한 방안들이 도입되면 될수록 수행평가의 진정한 목적은 달성할 수 없는 것이 아닌가 하는 회의감이 들기도 한다. 가르친 결과와 학생이 해낸 활동을 점수로, 등급으로 만들어 내야만 하는 상황이 마음 아프기도 하지만, 학생의 성장 결과를 기록해야 한다는 입장에서 생각하면 어쩔 수 없는 일임은 분명하다.

요즘(이라고 쓰고 이미 꽤 된) 학교 교육의 추세인 교육과정-수업-평가-기록 일체화의 핵심 요소도 수행평가다. 수행평가 활동 내용을 생활기록부에 자연스럽게 적어주게 된 것이다. 그렇다 보니 교사 입장에서 수행평가는 더욱 부담스러운 일이 되었다.

　대학에서 학생을 선발할 때 생활기록부의 내용을 살펴보는 전형이 훨씬 많아졌다. 그래서 교사가 하는 수행평가에 따라 학생의 미래가 달라질 수도 있게 된 것 같아, 수행평가에 대한 부담감이 늘었다. 대학에서 생활기록부를 살피는 전형이 늘어날수록 점점 더 다양한 학생의 진로 희망을 담아낼 수 있는 수행평가를 기획하게 된다. 그렇게 수행평가를 하다 보면, 수행평가를 통해 측정해야 하는 역량을 제대로 측정하지 못하고 있는 것은 아닌지 고민하게 된다. 수행평가를 통해 측정해야 하는 역량이 있고, 총괄평가를 통해 측정해야 하는 역량이 있는데 수행평가는 점점 학생의 이야기를 담아내기 위한 수단이 되어가고 있는 것 같아 슬프다. 학생의 학교생활을 기록하는 것이니 학생의 이야기를 담아내는 것이 맞지만, 측정해야 할 것을 잘 측정하는 것도 중요하기 때문에, 어떻게 하는 것이 올바른 길인지 아직도 헤매는 중이다.

총괄평가

　흔히 중간, 기말고사, 1회, 2회 고사라고 부르는 것이 총괄평가다. 총괄평가는 서술형, 객관식으로 나누어 평가를 하게 되고, 수업 결과를 전체적으로 파악한다는 의미에서 매우 중요하다.

　수행평가에서 반별 공평성을 이유로 점수 차등을 주지 않는 경우에는 총괄평가에서 점수 차등을 주어 학생들의 등급을 나누는 역할을 하기도 한다. 쉽게 말해서 어려운 문제를 내게 되는데, 어려운 문제를 누가 낼 것인지, 어떻게 낼 것인지도 학급마다 담당 교사가 다른 경우에 어려움을 겪는 부분 중 하나다.

나는 무척 게으른 편이라, 항상 시험 출제 기간 마지막 날에 맞춰서 시험문제를 낸다. 여러 선생님이 한 과목을 함께 담당하는 경우에는 서로의 문제를 검토해야 하기 때문에 항상 사전에 문제를 내고 확인하게 된다. 혼자서 시험문제를 내는 경우에도 동 교과 검토를 원칙으로 하기 때문에 사전에 내야 하지만, 출제 기한 이후에도 검토는 어느 정도 가능하기 때문에(시험지를 인쇄하기 전이라면 수정할 수 있고, 시험지를 인쇄한 이후라면 간지를 넣어 문제를 수정하면 되기 때문이다) 혼자 문제를 내는 경우라면 기한의 끝에 내는 편이다.

규모가 작은 학교의 경우 여러 과목을 한 명의 교사가 담당하게 되기도 하고, 그런 경우에는 한 교사가 내야 하는 문제의 숫자가 상당히 많아지기도 한다. 내가 근무했던 학교 중에서 가장 적게 문제를 내는 교사는 총괄평가 때마다 16문제를 내면 되는 경우도 있었지만, 가장 많이 내는 교사의 경우 60문제를 내야 하는 경우도 있었고, 주변 상황에 따라서 80문제를 내는 경우도 있었다. 문제를 많이 낼수록 문제 오류의 확률도 높아지니 그만큼 신경을 써야 하는 건 어쩔 수 없는 일이다.

총괄평가 문제에 있는 오류를 시험이 치러진 이후에 발견한 경우에는 문제가 좀 복잡해진다. 오류 재발 방지 방법도 찾아야 하고, 오류를 어떻게 해결할 것인지도 설명해야 한다. 학교마다 문제 오류 처리 방법이 서로 달라서(방법이 다양해서 깜짝 놀랐다) 자세하게 설명할 수는 없지만, 어쨌거나 문제가 발생하지 않도록 모든 교사가 최선을 다해 노력한다.

교과세부능력특기사항

학생의 수업 결과는 받은 점수와 등급에 따라 숫자로 표현되지만, 숫자로 표현될 수 없는 것들을 적어주는 것이 교과세부능력 특기사항이다. 예를 들어 수행평가는 만점, 1회, 2회 정기고사는 영점을 받은 경우, 당연히 성적은 낮은 점수가 나오므로 노력이 필요한 학생일 것으로 추측할 수 있다. 하지만 학생이 어떤 부분은 만점인지 어떤 부분은 부족한지에 대해서는 설명해 주지 않으므로 해당 교과 담당 교사가 부가적인 설명을 달아두는 것이 교과세부능력특기사항이라고 할 수 있다.

현재 고등학교에서는 교과세부능력특기사항의 의미가 많이 변질되어서 대학교 입시자료로 사용되지만, 숫자로 표현될 수 없는 학생의 성장 사항을 글로 풀어 쓴다는 점에서 꼭 필요한 부분이라고 할 수 있다.

더 먼 과거에는 교과별세부능력특기사항이 존재하지 않았고, 담임교사의 종합발달사항만 있었기 때문에 교과 담당 교사는 성적 이외의 것은 신경 쓰지 않아도 되었다. 하지만 현재는 교육과정-수업-평가-기록 일체화라는 주제의 책들이 아주 많이 나오고 많이 팔리고 있을 정도로 중요한 부분으로 자리 잡았다. 가까운 과거에는 성적이 우수한 학생들을 대상으로 그 학생이 얼마나 우수한 학생인지 자랑하듯이 적는 것을 목적으로 교과세부능력특기사항이 사용되었다면, 현재는 수업 시간의 실제 활동을 통해 학생이 배우고 성장한 부분은 무엇인지 적는 공간으로 활용되고 있다.

일반 교과의 경우 모든 학생의 교과세부능력특기사항을 기록하도록 교육부 지침이 마련되어 있기 때문에, 학생들은 대부분의 교과에서 교과세부능력특기사항이 기록되고 있다. 따라서 교사들은 대체로 수행평가명을 쓰고 이후에 학생이 한 활동을 기록하고 있다. 그러나 대학입학사정관에 따르면 같은 내용의 과세특은 의미가 없다고 한다. 교육부의 지침도 교과세부능력특기사항을 쓸 때 일정한 틀을 따르지 않고 학생마다 전부 다르게 쓰도록 권하고 있다. 교과세부능력특기사항을 적어야 하는 교사 입장에서는 답답한 노릇이다. 모든 학생을 다 적어줘야 하지만, 내용은 다 달라야 한다는 것은, 내가 만나는 학생의 숫자가 400명이라면, 400명 모두 다르게 내용을 구성해야 한다고 이야기하는 것이다. 특기사항 내용을 다르게 채워야 하는데, 같은 내용의 수업을 하고 같은 내용의 수행평가 활동을 하는 내 잘못인 건지, 대학과 교육부에서 무리

한 요구를 하는 것인지 알 수 없다.

  학생별로 어떤 내용이 기록되어야 하는지 구체적인 지침은 없는 상태에서도 모든 선생님들은 학생을 최대한 관찰하고 기록하려는 노력을 끊임없이 하고 있다. 조금 더 올바른 방법은 무엇이 있는지 찾으려고 노력하는 선생님들의 결과를 책과 블로그, 각종 연수들을 통해 찾아보게 된다. 그럴 때면 참된 교사, 참된 선생님이란 이런 것이구나 하고 생각하게 된다. 결국 선생이 되는 제일 요건은 열정이구나 하고 깨닫게 된다.

교사가 하는 일: 담임

 학창 시절을 보내면서 가장 많이 기억에 남는 교사는 당연히 담임교사일 것이다. 하지만 교사인 나도 그동안 만나왔던 모든 담임교사를 기억하지 못한다. 내가 심리적으로 어려운 시기를 지나고 있을 때, 운이 좋게도 나를 챙겨주시던 선생님들을 만나 교사라는 꿈을 꾸고 교사가 되었지만, 그 선생님들만큼 내가 열정적으로 하고 있는가를 물어보면 그렇지 못한 것 같아 죄송한 마음이 든다.
 담임교사는 학교 안에 있는 보호자다. 학교에서 학생과 관련한 어떤 일이 벌어지면 일단 담임교사에게 연락이 오든, 연락이 가든 한다. 학생들도 일반적인 수업 상황이 아니라면 어떤 일을 하든 간에 담임교사를 거치게 된다. 게다가 담임교사는 학교 업무처리의 깔때기다. 학교에서 벌어지는 대부분의 학생 관련 업무는 결국 담임교사가 취합하여 담당자에게 인계된다. 그래서 담임교사는 할 일이 많다. 많은 할 일들을 가벼운 마음으로 정리해 보면 다음과 같다.

학급 운영 계획 수립

 학급 운영은 담임교사에게 주어진 가장 중요한 업무이다. 학급 운영이라는 말이 정확한 표현인지에 대해서는 항상 고민하고 있다. 하지만 다른 적절한 표현이 존재하지 않기 때문에 사용하고 있다. 학교 운영을 벗어나는 학년 운영, 학급 운영은 가능하지 않다. 학급 운영은 적어도 학교 운영의 틀 안에서 가능할 뿐이고, 담임교사가 가지는 자율성도 학교 운영의 틀을 벗어날 수 없다.

학급 운영 계획을 수립할 것인지, 하지 않을 것인지도 담임교사 자율의 영역에 들어간다. 굳이 학급 운영 계획을 세우지 않아도 되고, 꽤나 빡빡한 학급 운영 일정을 짜도 된다. 이 글을 쓰고 있는 시점에서 학급 운영을 어떻게 계획하는지 잘 알려진 선생님이 《세금 내는 아이들》로 유명한 초등학교 선생님이 아닌가 한다. 학급 운영의 자율성이 어디까지 가능한가에 대해 좋은 모범답변으로 사용될 수 있을 것이다.

그러나 그 정도로 많은 계획을 수립하여 실행에 옮기는 교사는 많지 않을 것이다. 학부모나 학생 입장에서는 '저런 걸 하는 선생님도 있는데 우리 선생님은 도대체 뭐 하는 거람? 애들한테 신경을 쓰기는 하는 건가?'라는 생각을 할 수도 있다. 변명이지만, 어느 직업인이든 간에, 일터에서 쓰는 에너지는 개인마다 다르다. 할 수 있는 일의 양도 다르고, 개인이 어디에 집중할 것인가도 다 다르다. 교사니까 당연히 학교 일에 모든 에너지를 쏟아야 한다고 생각한다면, 무리한 일을 요구하는 것이다. 직장에서 "당신에게 월급을 주고 있으니, 모든 에너지를 직장에 쏟아 넣으십시오. 안 그러면 당신은 할 일을 안 하는 것입니다"라고 이야기한다면 그 직장에 붙어 있을 사람이 과연 얼마나 되겠는가? 모든 사람이 직장에 모든 에너지를 쏟는 것은 옳지 않지만, 어떤 사람은 모든 에너지를 직장에 쏟아 넣기도 하고, 그것이 잘못된 것도 아니다. 그렇기 때문에 모든 에너지를 쏟아붓는 교사를 비난할 일도 아니지만, 그렇지 않은 교사들을 '왜 그러고 있냐고' 타박할 일도 아니다.

언제나 그렇듯 중간이 있다. 그리고 대부분의 사람들은 그 중간 근처에서 살아간다(아닌 사회가 되어가고 있는 것 같지만). 담임교사들도 그렇다. 대부분의 담임교사들은 아무것도 안 하는 것도 아니고, 무언가 넘치게 하지도 않는다. 적당한 수준으로 학급 운영 계획을 짠다. 그동안 해왔던 것들을 하는 게 보통이고, 주변에서 하는 것 중에 내가 할 수 있는 것들은 흡수해서 한다. 그리고, 학교에서 요구한 것들을 학급경영에 녹여내기 위해 노력한다.

신규 교사의 경우 가장 막막한 부분도 학급 운영 계획을 수립하는 것이다. '해왔던 것'을 하는 게 가능하지 않기 때문이다. 일단 신규 교사는 학급 운영 계획을 어떻게 세워야 하는가도 잘 알지 못하는 경우가 많고, 시기별로 그저 해야 한다고 말해주는 것들을 하는 것만으로도 한 해가 훅훅 지나간다. 그래서인지 시기별로 어떤 일을 해야 하는지 안내하는 책들도 상당히 많이 나온 것 같다. 그만큼 교사들이 일을 잘하기 위해서 많은 노력을 기울이는 집단이구나 하고 생각하게 된다.

상담 및 생활지도

담임교사가 하는 일 중에서 선생과 스승이 되는 데 큰 역할을 하는 일이 상담과 생활지도일 것이다. 담임교사에게 특별한 기억이 있는 사람들은 대부분 상담과 생활지도 측면에서의 일들을 기억하고 있을 것이다.

담임교사의 상담은 학생을 알아가는 데 있어서 가장 기본이 되는 일이다. 상담이라고 말을 하지만 실제로 어떤 이야기를 주고받을지는 전적으로 담임교사의 생각에 따라 다르다. 어떤 학생의 경우에는 특별한 상담 없이 초중고등학교를 졸업하게 되는 경우도 있다. 하지만 그동안 만났던 모든 담임교사가 특별한 상담을 했던 학생이라면, 자신의 학교생활을 되돌아볼 필요가 있다고 생각한다. 담임교사의 입장에서 수업 이외의 에너지가 가장 많이 쓰이는 분야가 상담이고, 자신을 만났던 모든 담임교사가 에너지를 쏟았다면 분명 특별한 이유가 있었을 것이다.

교사와 학생이 항상 어떤 특별한 주제를 가지고 이야기를 해야 하는 것은 아니지만, 교무실에서 학생과 교사가 앉아서 이야기를 나누고 있다는 것은 어떤 일이 있다는 것을 의미하는 경우가 대부분이다. 학생과 교사는 여러 분야에 대해 이야기를 나누겠지만 대부분 진로, 진학, 교우관계, 성적에 관한 것이 대부분을 차지한다. 진로와 진학은 크게 구분해서 상담을 하지는 않는다. 진로에 대한 이야기를 나누다 보면, 자연스럽게 진학에 관한 이야기로 넘어가게 된다. 성적 또한 담임교사와 상담을 할 때에는 특정 과목에 대한 고민이라기보다는 대체로 일반적인 학습 방법, 진학, 진로와 관련한 상담인 경우가 대부분이다.

교우관계에 대한 상담이 가장 미묘하고, 교사로서 일정한 선을 지키기 위해 노력해야 하는 상담 분야다. 학생이 교우관계로 상담을 요청할 때는 대부분 교사가 직접 해결하기에는 어려운 부분들이 많고, 학생 스스로 답을 찾아 해결해야 하는 경우들도 많다. 하지만 학생은 스스로 해결이 어렵다고 느끼기 때문에 교사를 찾아오는 것이고, 교사는 학생의 고충을 들어주다 보면 해결책을 제시해 주고 싶은 경우가 생기기도 한다. 그런 경우 문제가 복잡해질 수도 있다. 어느 한 학생의 의견만 듣고 문제를 해결할 수는 없는 노릇이기에 상대방의 의견을 들을 필요가 생기고, 상대방을 불러서 이야기하는 행위 자체가 서로의 관계를 더욱 악화시키는 결과를 불러일으키기도 하기 때문이다. 이에 대해 어떤 전문성을 갖추고 이야기를 나눠야 하는지 찾아보았을 때, 나는 올바른 방법을 찾기가 어려웠다. 어떻게 학생의 문제를 해결해야 할지 방법을 정하지 않은 상태에서 교사가 임기응변식으로 대응을 하게 되면, 교사도 어떤 결과가 나오게 될지 정확히 예측할 수가 없게 된다. 그나마 도움이 되었던 것을 잠시 되돌아보면, 《교사와 학생 사이》라는 책에 나오는 방법이었다. 교우관계는 학생이 해결책을 찾을 수 있도록 돕는 것이 가장 최선이라는 것이다. 우리나라에서 생각하는 선생님의 해결 방법과는 거리가 멀다고 할 수 있을 것 같다. 수업 장면에서의 문제가 아니거나 문제행동의 원인이 수업 장면에 있는 게 아니라면, 그 문제는 교사가 해결해야 할 문제가 아니라 학생이 해결해야 할 문제라고 볼 수 있다. 발생한 문제상황이 학생의 문제라면, 학생이 스스로 해결할 수 있도록 해야 한다는 것이다. 얼핏 보면 왕따당하는 학생이 스스로 문제를 다 해결해야 한다는 말처럼 보일 수도 있지만, 해결책을 본인이 찾을 수 있도록 도와줘야 한다는 것이다. 하지만 이마저도 탁상공론처럼 보인다는 것을, 담임을 해본 사람이라면 누구나 알 것이다.

  담임교사가 아니라, 사회생활을 하는 모든 사람들은 다 알고 있다. 사람이 모여 있는 곳이라면 어디에서든 권력을 갖고 싶어 하는 사람이 있다. 만약, 권력을 갖고 싶어 하는 사람이 나쁜 사람이라면, 그 사람이 자신의 편을 만드는 방법으로 공공의 적을 만들 것이라는 것도 생각할 수 있다. 그 상황에서 공공의 적이 된 내가 할 수 있는 것 따위는 없다. 내가 공공의 적이 된 것은 그저 운이 나빠서일 수도 있고, 상황이 안 좋아서일 수도 있다. 이걸 해결하는 방법을 아는 사람이 있을까? 해결 방법은 쉬운가? 해결 방법은 아주 어렵다. 나쁜 사람이 나쁘다고 모두가 이야기해야 해결할 수 있다. 그런 건 가능하지 않다. 온전히 나쁜 사람이 누가 있을까? 나쁜 사람이 나쁜 짓을 했고, 잘못되었다고 지적하기에는 이미 그 사람과 같은 편이 된 사람들이 있다. 권력을 가진 사람과 같은 편인 사람은 나쁜 짓을 하는 권력자를 나쁜 사람이라고 이야기할 리가 없다. 나쁜 사람과 같은 편이 되며 피해자를 같이 비난했다면 더더욱 그럴 리가 없다. 그런 상황에서 공공의 적이 된 나에게 가장 필요한 사람은 이 문제를 해결할 더 강한 권력을 가진 사람처럼 느껴진다. 그러나 실제로는 그렇지 않다. 믿어주는 사람이 가장 필요하다. 단 한 사람이라도 믿어주는 사람이 있다면 견딜 수 있다. 그리고 오해가 풀리든, 상황이 해결되길 기다리든, 도움을 기다리든 해야만 하는 것이다.

그래서 담임교사는 더욱 힘들다. 교실에 있는 학생들 중에 어느 한 학생만 전적으로 믿어준다는 것 자체가 쉬운 일이 아니다. 공정과 사랑은 대립하는 개념이 아니다. 그러나 담임교사 혹은 모든 교사에게 학생들은 공정할 것과 차별하지 말 것을 요구한다. 당연한 이야기지만, 들어주기 어렵다. 합리적인 이유가 있어서 차이를 두는 것 또한 차별이라고 이야기하는 상황에서 교사들은 학생들에게 기계적인 반응을 보일 수밖에 없다. 사례가 극단적이었지만 모든 상담과 생활지도가 그렇다. 모든 학생에게 모두가 똑같이 느낄 사랑과 믿음을 준다는 것은 어렵다.

각종 정보수집 및 처리

담임교사에게 업무 담당자들은 다양한 정보를 요구한다. 가장 간단하게는 방과 후 수업에 참여할 학생들을 조사해야 하기도 하고, 너무 어렵게는 아직 교육비 지원 학생들이 확정되기 전에(주민센터에 서류를 제출했지만, 학교에서 업무처리를 위해 가정형편이 어려운 학생을 알아야 하는 그 미묘한 순간) 학생 가정형편을 알아야 하는 것까지 다양하다. 기본적으로 학교에서 취급되는 대부분의 정보는 개인정보이기 때문에 학교에서는 포괄적인 개인정보 이용동의서를 받는다. 과거에는 개인정보 이용동의서를 받지 않았는데, 최근 5년 정도 사이에 중요하게 취급되고 있다고 느낀다. 그리고, 예전에는 업무 담당자가 필요로 하는 정보들은 다 담임교사가 수집하여 업무 담당자에게 전달했었는데, 요즘에는 행정의 정보화가 많이 이루어져서인지 그러한 요구가 많이 줄어들었다.

출결 확인

출결 확인은 고등학교 담임교사들의 생각보다 힘든 업무다. '내가 학교 다닐 때는 안 그랬던 거 같은데'라고 느끼는 교사가 많은 업무일 것 같다. 아니면 내가 너무 모범적인 생활을 해서 '이런 세상은 잘 몰랐던 게 아닐까?' 하고 고민하게 된다. 진짜 다양한 이유로 학생들은 학교에 안 나온다. 특히 내가 학교에 다니던 시절과 많이 다르구나 하고 느끼는 부분이, 현장 체험 학습을 많이 다닌다는 것이다. 찾아보지 않아서 잘 모르겠지만, '내가 학교를 다니던 시절에 현장 체험 학습이 있었나?' 하고 생각하게 된다. 당연히 어떤 일이 있어도 학교에 나오는 거고, 집안의 누가 돌아가시거나, 큰 경사가 있어서 어쩔 수 없이 빠져야 할 때나 학교에 안 나온다고 생각했다. 요즘은 아니다. 현장 체험 학습도 학교에서 학칙으로 정한 만큼을 다 쓰는 경우도 심심치 않게 있고, 질병으로 인한 결석도 꽤 자주 있다.

여학생들의 경우 '이건 좀 아니지 않나?' 하고 생각이 들 만큼 생리 결석을 사용하는 사례도 있다. 특히 학력평가 할 때(학력평가를 꽤 주기적으로 보긴 한다. 그리고 어떤 학생 입장에선 성적에 들어가는 것도 아닌데, 너무 심심할 수 있기도 하다…) 생리통이 심해지는 여학생들이 많다. 어떤 연구 결과처럼 오랜 시간을 함께 생활해서 생리주기가 비슷해지는 거라고 나만의 합리화를 해봐도, 마음 한구석이 불편한 건 어쩔 수 없다. '예전에도 이랬나?' 하게 된다. 그런 생각이 들 때면, '그래, 이런 게 페미니즘에서 말하는 남자들이 자기 권력을 가지고 여자를 이해하지 못하는 상황인가'라고 또 다른 합리화를 해본다. 납득이 되는가 하면, 길게 설명할 수밖에 없다. 모든 여성이 생리통이 심해 일상생활이 불가능할 정도가 아니듯, 어떤 여학생은 생리 결석을 전혀 사용하지 않으니까, 아프면 사용하는 게 맞는 것 같긴 하다. 그런데, 학교생활에 열정적인데 생리통이 심한 학생 (나는 발견 못 하고, 보통 옆에 있던 여학생이 말해준다)에게 "너 쫌 집에 가라고! 인정 조퇴 된다고!" 말해줘도 안 가는 학생도 있고, "선생님!

저거(?) 지난주에 생리 끝났어요! 집에 보내주지 마요!"라고 말해도 생리 조퇴를 시켜줄 수밖에 없는(내가 뭘 어쩌겠는가? 의사도 아니고, 본인이 생리통으로 아프다는데) 학생도 있는 것이다. 이 이야기는, 질병 결석에도 똑같이 적용된다. 질병 결석은 남학생도 여학생도 다 똑같다. 내가 의사가 아니니 결석이든 조퇴든 시켜줄 수밖에 없다. 그러고 나서 서류를 잘 챙겨 오면 할 말이 없다. 그저 행정적으로 업무를 처리하게 된다. 잔소리하고 싶은 마음이 먹구름처럼 밀려와야 한마디 하고 말게 된다. 나는 다행히(?) 먹구름이 자주 밀려오는 편이다.

어쨌거나 결석을 하면 이제 서류를 꾸려야 한다. 이것도 학교마다 편차가 좀 있는데, 어떤 학교는 학생들이 학교를 잘 나와서(잘 다녀서가 아니고…) 서류 양이 많지 않을 수도 있고, 어떤 학교는 결석이 너무 많아서 1년 치를 묶는 건 애당초 포기하고, 월별로 묶어도 다시 분철을 해야 하는 상황이 오기도 한다. 어떻게 정리해야 한다는 규정은 없는데 일단 어떤 식으로든 정리는 해야 하는, 은근히 번거로운 일이다. 어떤 선생님이 출결을 정리한 서류를 사진 찍어 올리고, 일이 너무 많다며 투정을 부린 글을 본 적이 있다. 사람들에게 그게 무슨 일이 많냐고 까이는 걸 보면서(…) '나도 조심해야지' 하고 다짐했다(그런데도 이런 책을 쓰다니 다짐은 쓸모가 없는 것 같다). 다행인지 불행인지 이제는 결석 이후 서류를 작성하는 것도 온라인으로 가능하다. 교사 입장에서는 모든 결석서류가 온라인으로 일원화된 게 아니기 때문에 그냥 일을 여러 군데로 나눠서 해야 한다. 그럼 교육청에서 또 지적하겠지. 왜 정리를 안 해뒀냐고.

생활기록부 작성

나는 담임교사를 가능하면 최대한 하고 싶어 하는 편이다. 학교 시스템에 따라서 담임교사와 업무가 분명히 나누어진 경우에는, 어떤 과정을 거쳐 얻어낸 결과물인지 잘 알고 있어서, 담임교사를 할 거라고 우기지는 않는다. 그런 나도 담임교사를 하기 싫어질 때가 생활기록부를 쓸 때다. 꼭 필요하다는 걸 알면서도 하기 싫은 건 어쩔 수 없는 것이다. 생활기록부 기록지침에 의하면 대부분 항목은 담임교사가 작성한다. 그렇지만, 항목의 숫자가 담임교사에게 몰려 있는 것이지, 생활기록부의 대부분의 분량은 교과학습발달상황에 쓰인다. 성적과 교과세부능력특기사항이 절반 이상 차지하고, 나머지는 담임교사가 작성하는 부분이다. 담임교사가 학생을 잘 관찰할 것이라는 믿음을 바탕으로 많은 항목을 작성하게 한다. 창의적 체험활동이라고 학교에서 진행하는 자율활동(학교 행사, 학급 특색 활동, 학생 개인 탐구활동 등등), 진로활동(학교 진로 행사, 학급 진로 특색 활동, 학생 개인 진로 탐구활동 등등…)은 담임교사가 작성해야 한다. 마찬가지로 학생의 개인 특성이 드러나게 작성해야 하는데, 이게 생각보다 무척 어렵다. 관찰과 평가는 교사의 숙명이다.

그렇지만 담임교사가 관찰과 평가를 잘 할 수 있도록 학교 교육과정이 짜여져 있는 것은 아니다. 중고등학교 담임교사도 결국 교과 담당 교사로서 학생을 보는 게 거의 다고, 자율활동과 진로활동은 이미 만들어진 프로그램에 따라 활동을 하는 것이지, 학생들의 개인 특성을 잘 파악할 수 있는 방향으로 구성된 것은 아니기 때문이다. 심지어는 창의적 체험활동도 평가의 대상으로 학생을 평가해야 한다. 이 지침을 아는 교사 혹은 관리자가 얼마나 되는지 궁금하다. 사전에 마련된 창의적 체험활동 평가 기준에 따라 학생을 평가하고, 그 결과를 숫자로 표현하지는 않지만, 글로 작성해야 한다는 지침이 마련되어 있다. 그렇다고 감사 나와서 창의적 체험활동에 대한 평가가 이루어졌는지 하는 부분을 점검하는 것은 본 적이 없다. 그저 "어? 이 학생 이날 결석했는데 했다고 적혀 있네요?" 정도인 것이다. 생활기록부상으로는 자체 점검이 불가능한 출결 서류를 확인해야(그래서 정리를 하라고 하는 건가⋯) 제대로 기입이 된 것인지 가능한 정보(이제는 나이스로 결석 여부 자체는 확인할 수는 있다)를 지적한다. 물론 똑같은 내용이 반복되는 것도 그렇게 작성하지 말라고는 한다. 무엇이든 결국 행정상 문제가 없으면 되는 것이다.

하지만 모든 담임교사가 학생을 관찰하기 위해 노력하여 쓰는 부분도 있다. 마지막에 있는 종합의견이다. 종합의견마저 같은 내용을 쓰는 담임교사는 거의(⋯) 못 본 것 같다. 내가 학생일 때는 한 줄이 다였다(이 글을 쓰는 시점에 고등학교 생활기록부 확인하기가 유행이라서 나도 확인해 봤는데, 좋은 말을 써주셔서 감사한 마음이 든다. 교사가 되고 싶다는 진로지도상황에 '적성과 일치하여 목표 분야에서 성공할 가능성이 매우 크다'고 적어주신 고3 담임선생님께는 많이 죄송하다). 지금은 그렇게 쓰지 않는다. 학생의 개인 특성을 최대한 발견해 주기 위해 노력한다. 학생의 장점 위주로 작성하라는 지침도 있고, 단점을 쓰더라도 개선 가능성에 대해 같이 서술하라는 것을 거의 대부분의 교사가 잘 지키며 작성하고 있다. 담임교사의 마음에는 조금 거친 표현으로 '학생들은 내 새끼'라는 생각이 항상 자리 잡고 있다. 어떻게 생각하면 차별이 있을 수도 있는 위험한 생각이다. 교사들마다 농도에 차이가 있겠지만, 참되거라 바르거라 가르칠 선생과 스승에게는 필요한 생각일 것이다.

부서를 나누는 이유

학교는 규모에 따라 소규모, 중규모, 대규모 학교로 나눌 수 있을 것 같다. 합의된 기준이 없기 때문에, 정확한 구분은 아니지만 무엇을 나눌 때 보통은 세 가지로 나누니까 합리적이라고 생각하자. 어쨌거나 학교는 조직이다. 학교는 규모에 따라서 해야 할 일이 달라지는 조직이 아니기 때문에, 학교의 규모와는 상관없이 해야 할 일이 동일하다. 그렇기 때문에 학교 규모가 달라도 부서는 크게 다르지 않다. 학교 규모에 따라서 부서별 인원이 달라지는 정도의 차이가 있다. 그래서 작은 학교일수록 한 사람이 담당해야 할 행정업무가 많다. 그런데 작은 학교라서 수업 시간이 많지 않기 때문에 행정업무처리가 또 이렇게 저렇게 해결이 된다. 기가 막힌 밸런스 유지라고 할까? 여하튼 학교는 여러 부서를 가지고 있다. 적어도 세 부서를 가지고 있는데 교무부, 학생부, 연구부다. 앞에서 이야기했던 교사 전문성을 그대로 부서로 연결해 행정 전문성은 교무부, 생활지도는 학생부, 수업 전문성은 연구부로 맞추어 만들어 둔 것이라고 생각한다. 물론 현재 연구부는 '수업 전문성을 신장하기 위한 부서인가?'에 대해서 대부분의 교사가 동의하지 않을 것이라고 본다. 학교 규모가 커서 방과후부가 따로 있는 경우가 아니라면, 대부분의 학교에서는 방과 후 업무가 연구부의 주요 업무이기 때문이다. 속으로 참 씁쓸하다고 생각하는 부분이다. 하지만 긍정 회로를 돌려보면, 따로 전문가를 둘 필요 없이 모든 교사가 수업 연구에 힘 쏟고 있다는 말이 될 수 있으니까 괜찮은 것으로 하자. '그럼 생활지도는⋯'이라고 깊이 생각하지는 말자.

 부서가 나누어져 있다는 것은 각 분야를 전문적으로 해야 할 필요가 있기 때문이다. 행정업무를 전문적으로 하는 사람이 필요하고, 생활지도를 전문적으로 하는 사람이 필요하고, 수업 연구를 전문적으로 하는 사람이 필요한 것이다. 학교는 과연 그렇게 운영되고 있을까? 나는 아니라고 생각한다. 교사들도 내가 한 질문에 아니라고 대답하는 사람이 많을 것이라고 믿는다. 우리가 업무를 나누어 가질 때 고민하는 것은 어떤 사람이 행정업무를 잘할 것인가, 생활지도의 전문가는 누구인가, 수업 연구 결과물을 잘 전달해 줄 사람은 누구인가와 같이, 서로가 서로의 능력을 믿을 수 있게 이야기하고, 서로의 이야기를 신뢰해서 '다 같이 발전해 보자!'보다는 '누가 번거롭고 힘든 일을 할 것인가?'에 대해 고민하니까.

 학교 부서에 꼭 있는 교무, 학생, 연구부를 제외하면 학교마다 이제 구성 방식이 달라진다. 부서 구성 방식만 달라질 뿐 하는 일은 거의 같다. 교육과정도 짜야 하고, 기숙사가 있는 학교는 기숙사 운영을 해야 하고, 규모가 크면 학년 단위로 정리해야 할 일들도 생기고, 일반고가 아닌 고등학교면 학과별로 부서가 필요하기도 해서 부장이 늘어나는 것이지 큰 틀에서 보면 작은 학교가 하는 일과 거의 같다. 그저 규모가 커서 정리해야 할 일이 많아지니 전문적인 영역도 다양해지는 것이다.

전문적인 일을 책임 있게 진행하는 방법으로 팀제가 자주 사용되니, 학교도 일반 회사처럼 팀제로 변화하면 어떻게 될지 하고 생각해 본 적이 있다. 어쩌다 보니 팀제를 운영하는 것과 꽤 비슷한 학교에서 일해보기도 하고, 일반고지만 교장선생님의 의지에 따라 팀을 구성해서 일을 해본 경험이 있다. 내가 내린 결론은 '그냥 업무가 더 많이 늘어나네'였다. 근본적으로 해야 할 일의 종류가 바뀌지 않으니 그냥 팀별로 작은 학교를 꾸려야 하는 상황이 되고, 그러다 보니 나눠서 하던 일을 그냥 다 같이 하게 된다. 또 다른 방식으로 TF팀(그런데 TF팀의 의미와는 별 상관 없이 별도의 팀을 그냥 만든 것 같다)을 적극 주장하는 교장선생님 밑에서(실은 아까 그 일반고 교장선생님) 일을 해본 적도 있는데, 팀제와 별반 다르지 않았다. 그저 TF팀에서 해야 할 일이 추가되었을 뿐이다. 결국 어떤 방식으로 일하든지 다양한 일을 함께 처리하게 되는 것이다. "하던 대로 해"라는 말을 별로 안 좋아하는 나지만, 부서별로 나눠서 업무를 처리하는 현재가 나쁘지 않다고 본다.

어찌어찌하다 보니 교무부, 연구부, 학생부, 학년부에서 일한 각각의 업무 연수가 거의 비슷하게 교직 생활을 했다(모든 부서에 부적응인가…). 하지만 각 부서의 일을 자세하게 다룰 필요는 없는 것 같다. 자세한 건 교직 실무 책을 찾아보자. 물론 교직 실무 책과 현실은 많이 다를(그래도 되는 걸까?) 것이다.

3.
학교에서

가르치는 것

"너희 반 진도가 제일 느려!"

"교무실에 들어와서 양치하는 거 아니다. 너 나중에 남의 사무실 양치하며 들어갈 거냐?"

"인생은 B와 D 사이의 C다. 이런 말 못 들어봤어?"

학교 수업은 어렸을 적 내가 생각했던 것에 비해서, 학생들에게 무엇을 가르칠 것인지 선택할 수 있는 범위가 넓지 않다. 고등학교에서 가르칠 내용을 교사가 선택한다는 것은 거의 가능하지 않다고 봐도 무방하다. 고등학교에서 수업은 입시를 피해 갈 수 없기 때문이다. 일반고등학교에서 대부분의 학생은(모든 학생이었던 적은 한 번도 없다) 대학 진학을 목표로 한다. 대학 진학이 목표인데, 입시를 신경 쓰지 않는 수업이란 것은 학생들이 요구하지도 않고, 특히

나 학부모(이때는 보호자 아님)들의 거센 반발을 받기 마련이다. 고3 수업 시간에 무슨 짓이냐며 학부모가 항의하는 걸 본 적이 있는데, 활동이 많은 수업을 했을 뿐인 그 선생님에게 화내는 모습을 보는 것은 꽤 무서운 경험이었다. 결국 모든 학생들에게 대학을 입학할 때 필요한 방법과 내용에 따라 수업을 하게 된다. 더 쉽게 표현하면 수능을 잘 보게 하는 수업이고, 다른 방식으로 접근하면 학생들의 내신성적이 골고루 나뉠 수 있게 문제를 만들고 풀게 하는 수업이다. 그리고 이러한 수업은 너무 당연하게도 모든 학생에게 어울리는 수업은 아니다. 가르치는 사람으로서의 고민은 여기서부터 시작된다. 가르치는 사람으로서 나는 어떤 선택을 해야 하는 것일까? 모든 것(모두의 높은 성적, 좋은 인성, 기본적 교양 함양, 인간적인 성장)을 가능하게 하는 가르침이란 것이 가능한가?

  교사로서 가르칠 때 고민하는 부분들이 있다. 교육과정과 교과서가 있지만, 그 안에서도 어떤 내용을 중요하게 가르칠 것인지 정하는 것도 중요하다. 그리고 그것만큼 중요하게 생각하는 것 중에 하나가, 가르치는 방법이다. 가르치는 방법 또한 매우 다양하겠지만, 강의가 가장 기본이 된다. 가르치는 사람이기 때문에 강의를 잘해야 하는 것은 당연히 갖춰야 할 능력이다. 그런데 강의를 잘한다는 것이 무엇인지 교사마다 생각하는 것이 다를 것 같다.

  좋아하는 웹툰 시리즈가 있는데 마사토끼의 NO.1. 시리즈이다. 세계 제일의 갬블러, 세계 제일의 생존전문가, 세계 제일의 이야기꾼 등등 '세계 제일의 능력을 갖춘 사람이 있다면?'이라는 시리즈인데 개인적으로 무척 좋아해서 가끔 기억을 되돌아보고는 한다(책을 안 사놔서…). 그 시리즈를 다시 생각할 때마다 '세계 제일의 교사는?'이라고 가정하는데, 여러 번 되돌아 생각해도 '세계에서 강의를 제일 잘하는 사람'이거나 '세계에서 제일 많은 학생을 가르치고 있는 사람'이거나 '세계에서 제일 많이 교사로 언급되는 사람'인 것 같다. 세계에서 제일 강의를 잘하는 사람은 어떤 사람일까? 하고 고민을 해보면, 내가 내리는 답은 거의 항상 같은데, 세계 제일의 이야기꾼과 같은 능력을 갖춘 사람이 아닐까 한다. 마사토끼가 정의한 세계 제일의 이야기꾼은 '세계에서 제일 재밌는 이야기란 존재하지 않고 그 상황에서 제일 재미있는 이야기를 해줄 수 있는 사람'이다. 아마 강의를 제일 잘하는 사람도 '세계에서 제일 필요한 이야기란 존재하지 않고, 그 사람에게 가장 필요한 이야기를 잘 전달해 줄 수 있는 사람'이 아닐까 한다. 그런 사람이 존재할 수 있는가와는 별개로 '나는 학생들에게 필요한 이야기를 해주고 있는가?'에 대해, 계속 고민을 하고 있고, 그에 대한 답은 거의 항상 '아니오'에 다다르게 되어 슬프다. 결국은 고등학교에서 교사로서의 삶은 수능에서 멀어진다는 게 쉽지 않은 것이다. 아닌가? 오히려 수능이 필요하니 수능과 관련된 수업을 하고, 이야기하는 것이 잘하고 있는 것일까?

  교사는 꼭 교과만을 가르치진 않는다. 지나가다가 괜찮은지 안부를 물어보며 사회생활을 가르치기도 하고, 인성교육, 안전교육 등등 꼭 가르쳐야 한다고 정해진 것들에 대해 학생들과 같이 이야기를 나누기도 한다. 어떤 경우에는 가르치지 않음으로써 가르치게 되는 경우도 있다. 학생들에게 친절하게 대하지 않으면 '저 선생님은 되게 까칠한 성격인 것 같아' 하고 알게 하는 경우도 있고, 오가는 모든 사람에게 인사하는 모습을 보여주며 '저 까칠한 사람이 인사는 안 빼먹는 거 보면 인사란 건 중요한 것 같군' 하고 생각하게 하는 것이다. 요즘에는 교과 이외의 가르침들을 거의 다 '잔소리'라는 말로만 한정 짓고 있는 것 같다. 심지어는 어떤 '잔소리'는 '아동학대'라고 주장하기도 하는 것 같아서 마음이 아프다. 이러한 상황을 개선하기 위해 다양한 목소리들이 나오고 있다. 그러나 '잔소리와 아동학대를 구분할 수 있는가?'에 대한 대답을 찾다 보면, 결국은 주관적인 것이기에 해결할 수 없는 문제가 아닌가 하는 생각을 하게 된다. 학생이던 시절의 나는 선생님의 '잔소리'와 '아동학대'를 구분할 수 있었을까? '아동학대'라는 개념에 대해 정확히 몰랐기 때문일지도 모르지만, 나는 그런 고민을 할 필요가 없던, 무척 운이 좋은 편에 속해서 교사가 될 수 있었을 것이다. 선생님들의 그 '잔소리' 덕분에 교사가 돼야겠다고 마음을 먹었기 때문이다. 내가 교사가 되도록 한 8할은 '잔소리'였던 것이다. 수업 시간에 배운 많은 내용들이 있을 텐데, 결국 내 마음속에 남은 것은 많은 '잔소리'들이다. 어쩌면 지금은 '아동학대'라고 할지 모르는 그 이야기들이다. '부끄러워할 줄 아는 마음', '배려하기 위해 필요한 것'들을 거칠게 표현하시던 그 선생님들의 마음이 나에게 남아 있는 것이다.

학교

⟨학교란 무엇인가⟩ - EBS 다큐 프라임
"학교에서 결정한 사안이니 따라야 합니다"
"우리 학교는 왜 그래요?"

교직에 처음 나오고, 이해되지 않는 단어가 '학교'였다. '너무 다양한 의미로 쓰이고 있는 것 아닌가?'라는 생각을 할 수밖에 없었다. 동료 선생님들의 대화 맥락 속에서 학교의 의미를 유추해야 했고, 내가 생각한 의미가 맞는지 틀리는지를 확인할 수 없는 상황이 계속되었다.

'학교'는 어떤 경우에는 '교장'의 다른 말이다. 어떤 일을 결정해야 할 때나, 책임을 져야 하는 일들이 있을 때마다 "학교에서 알아서 하겠지"라는 표현을 자주 들었다. 처음에는 '회의를 통해서 결정해야 하는 것인가?'라는 생각을 했지만, 시간이 흐를수록 '아, 교장선생님이 어떤 마음인지에 따라서 다르다는 소리구나'라고 이해하게 되었다. 실제로 교장에게는 많은 권한이 주어져 있고, 그에 따라 학교에서 벌어지는 일의 최종 책임자도 다 교장이다. 항상 하는 소리지만 '교장에게는 학교에 대한 무한 권한과 무한 책임이 주어져 있다'는 조금만 과장된 표현이다. 외부에서 보는 시선도 비슷하지 않을까? 학교에서 무슨 일(대체로 안 좋은 일)이 벌어지면 일단 책임자는 교장이고, 인터뷰를 교감 혹은 교무부장이 하는 상황에서도 교장은 뭐 하냐는 이야기가 나온다. 교장이 몰랐을 리가 없다고 생각하는 게 일반적이지 않을까? 하지만 교직에 있는 사람들은 잘 알고 있을 것이다. 교장도 '모르는' 경우가 꽤 있다. 교장의 권한을 교감이나 부장 교사에게 넘길 때도 꽤 있고, 학교도 일종의 회사라서 중요한 안건이 아니고서는 적당히 넘어가는 경우도 꽤 있을 것이다(교장이 아니라서 잘 모르겠다⋯). '책임자'가 모든 것을 알아야 하는 것은 어찌 보면 당연하지만, 실제로 '모든 것'을 아는 책임자가 얼마나 될까? 아니, 그게 가능한 일일까? 아니, 그런 걸 요구하는 것이 합리적인 일이긴 한 것일까? 한 개인이 한 집단에서 벌어지는 모든 일에 대해 잘 알고 있다는 게 가능한 일일까? 레이 달리오의 《원칙(PRINCPLES)》에서는 가능하다고 하는데, '학교'에도 적용 가능한지에 대해서 고민했을 때, 나는 무척 회의적이다.

'학교'는 어떤 경우에는 '교사들'의 다른 말이다. 어떤 일을 결정해야 할 때나, 책임을 져야 하는 일들이 있을 때마다(…) "학교에서 정해야지"라는 표현도 자주 들었다. 학교에 일이 있을 때마다 실제 움직여야 하는 주체는 교사와 학생이고, '앞으로의 일'을 계획할 때는 항상 학생보다는 교사가 먼저 아는 것이 당연했다. 학교라는 장소에서 이루어지는 모든 일은 결국 '교사'라는 주체가 없이는 할 수 없는 일들이고, 당연히 일의 주체가 되는 '교사들'의 의견 없이는 원활한 일 처리가 가능하지 않다. '교사들' 혹은 '교사'의 특성에 따라 회의의 결과가 달라지고, 회의의 결과가 다르니 진행되는 일들도 달라지고, 진행되는 일들이 달라지다 보니 당연히 '학교'의 특성도 다를 수밖에 없다. 이렇게 구성원들이 바뀔 때마다 모든 일들이 그때그때 바뀐다면, 학교는 잘 굴러갈 수 있을까? 그럴 때도 있고, 아닐 때도 있다. 아닐 때를 대비해서 만들어 둔 것들이 학교 규칙이다.

 '학교'는 어떤 경우에는 '학교 규칙'의 다른 말이다. 학교는 공교육기관으로서 꼭 지켜야 할 것들에 대해 규칙과 규정을 만들어 시행한다. 학교별로 자율적으로 정할 수 있는 일들이 있고, 자율적으로 할 수 있는 일들이라 하더라도 업무의 지속성이나 불필요한 논쟁을 줄이려는 방안으로 자체적인 규정들을 만들어 시행한다. 몇몇 가지 규정들이 있겠지만, 학생 생활 규정(혹은 학교생활 규정)을 예로 이야기해 보자. 시도교육청 차원에서 지켜야 할 지침들을 안내하거나, 각종 감사 기간에 지적받은 사항들이 나오면 학생 생활 규정을 수정해야 한다. 다소 미묘한 차이지만 '학교생활 규정'으로 할 것인지, '학생 생활 규정'으로 할 것인지도 학교마다 다르게 되어 있는 것부터 시작해서, 규정에 어떤 내용이 들어가고 나와 있는지도 차이가 있다. 나 같은 경우에는 학생 생활 규정에 학생자치회 (자치회, 대의원회, 자치법정 등) 부분이 들어가 있다면 따로 규정을 만들어야 한다고 주장하는 편이다. 학생 생활 규정의 변경은 생각보다 어렵고, 학생들의 요구에 따라 자치회 운영은 쉽게 바꿀 수 있어야 한다고 생각하기 때문이다. 이것 말고도 학생들이 어떤 문제를 일으켰을 때 적용되는 벌도 학교마다 다 다르다. 어떤 학교에서 흡연은 아주 중요한 처벌 대상이 되지만, 어떤 학교에서는 그렇게 처벌하다가는 학교에 학생이 몇 명 안 남게 된다. 이렇게 다양한 부분들이 학교마다 차이가 있다 보니 학생들도 어떤 규칙이나 상황을 받아들이는 데 있어서 차이가 있을 수밖에 없다.

'학교'는 어떤 경우에는 '학생들'의 다른 말이다. 학교라는 집단을 구성하고 있는 구성원을 교사와 학생으로 나눌 수 있다고 할 때, '교사들'을 학교라고 부를 수 있다면 '학생들'도 당연히 학교라고 부를 수 있다. 교사들이 '우리 학교'라고 말할 때, 앞에서 이야기한 것처럼 맥락을 살펴봐야 하지만, 체감상 절반 정도의 확률로 '학생들' 혹은 '학생'을 의미했다. '학생'의 어떤 단점을 말할 때 부담을 덜기 위한 행동인지, 아니면 어떤 잘못된 행동에 대해 일반화해서 말하고 싶은 것인지, 아니면 그 학교에서 나타나는 학생들의 공통적인 특징을 묶어서 설명하고 싶은 것인지는 알 수 없으나, 이야기의 대상을 '그 학급은' 혹은 '우리 학교는'이라고 시작하는 경우가 많았던 것 같다. 이걸 깨닫고 나서, 나는 그런 적이 없었는가 하고 되돌아봤을 때, 나도 그런 경우가 꽤 있다고 생각한다. 교사로서 '학교'에 대해 이야기할 때 '학생들'을 빼놓고는 도저히 이야기할 수 없는 것이다. 그러니 '학교'가 '학생들'을 의미하는 게 너무 자연스러운 일이다. '학교'의 분위기는 '학생들'의 분위기가 되고, '학교'의 수준은 '학생들'의 수준이 되고, '좋은 학교'는 '좋은 학생들이 많은 곳'이 되고, '기피 학교'는 '힘든 학생들이 많은 곳'이 된다. 물론 이 말들은 '학생들'을 '교사들'로 바꿔도 전혀 이상하지 않다. 이러니저러니 해도 '학교'는 '교사들과 학생들이 만나는 장소'로 되돌아오게 된다. 결국 학교는 교사와 학생이 만나, 관계를 맺고 성장하기 위해 노력하는 곳이다.

평가와 성장

"이 수업의 목표는 ○○에 대해 설명할 수 있는 것입니다"
"이 언덕만 넘어가면 내가 한층 더 성장했다고 느끼게 될 거야"
"아직도 이런 것조차 못 하면 그동안 넌 도대체 뭘 하고 있었던 거냐?"

학생들을 가르치는 가장 근본적인 이유는 '성장'이다. 학생들이 어떻게 성장해야 하는지, 어떤 능력을 갖추어 사회에 나가야 하는지는 국가 단위의 교육과정에서 잘 설명되어 있다. 앞으로 미래 사회에는 어떤 능력이 필요하고, 그 능력을 키우기 위해서 어떤 노력을 기울여야 하는지 몇 년에 한 번씩 고쳐서 성장의 목표를 정해두고 있다. 개인적으로는 교사라면 누구나 그해에 진행될 교육과정을 빠삭하게 이해하고 있어야 한다고 생각하지만, 실제로는 그렇지 않다. 교육과정은 교육목표를 달성하기 위해서, 다른 말로는 학생의 성장이 올바른 방향으로 잘 이뤄지고 있는지 확인하기 위해서 꼭 알아야 하는 것이지만, 실제 교실에서 중요하게 생각하는 것은 교과서나 참고서에 적혀 있는 지식들이기 때문이다. 학교에서는 학생이 성장했는지 아닌지에 많은 관심을 기울여야 한다. 그러나 학생이 얼마나 성장했는가는 별로 중요한 문제가 아니다. 성장과는 별개로 학생이 얼마나 '잘'하고 있는지가 더 관건이다.

그동안의 학교생활을 되돌아보면, 학교는 학생이 얼마나 성장했는지에 대해서는 별로 관심이 없었던 것 같다. 학교에서 일하고 있는 교사로서의 내가 학생들을 판단하는 기준도 얼마나 성장했는가보다는 무엇을 얼마나 '잘'하는가에 집중하게 되기 때문이다. 학교에서 이뤄지는 대부분의 평가는 '성장'을 측정하는 것이 아니라 '능력'을 측정하는 것이 보통이다. 교사들에게 주어지는 교육과정을 읽어보아도 어떤 '능력'이 필요하고, 그 능력을 잘 '측정'하기 위해서 많은 노력을 기울일 것을 요구한다. 그리고 그것이 공정한 것이라고 교사-학생-학부모가 모두 동의한다.

선생(…)으로서의 내가 가장 많이 칭찬하고 싶은 학생은 당연히 '가장 많이 성장'한 학생과 '가장 많이 노력'한 학생이다. 그 둘 중에 누구를 더 칭찬하고 싶은가는 선생님마다 다를 것이다. 일반적으로는 가장 많이 노력한 학생이 가장 많이 성장할 것처럼 보인다. 그러나 실제 현장에서 부딪혀 보면 '성장'과 '노력'이 항상 일치하는 것은 아니다. 내가 다시 태어난다고 해도 그런 노력을 기울일 수 없을 것 같은데 성장하지 않는 학생들도 있고, 별 노력을 기울이지 않았는데도 많은 성장을 보이는 학생들도 있다. 타고난 능력의 차이일 때도 있고, 잘못된 방법으로 인한 것일 때도 있다. 그럼에도 성장과 노력은 서로 관련이 있다. 대부분은 비례하기에, 교사들은 학생들에게 많은 노력을 기울여야 한다고 이야기한다. 그러나 교사들의 기대치만큼 노력하는 학생은 드물다. '최선을 다하는 노력'도 학생이 할 수 있는 선에서 하는 것이다.

성장이란 '하지 못했던 것을 할 수 있게 되는 것'을 의미한다고 본다면, 성장의 기준을 무엇으로 삼아야 하는가는 단순한 문제다. 학생이 수업을 듣기 전의 상태를 기준으로 삼으면 된다. 이것을 기준으로 학교에서 생활하는 학생들을 바라보면 고등학교에서는 '성장'이 거의 이뤄지지 않는다. 수업을 열심히 듣는 학생은 그 전부터 수업을 열심히 듣는 학생이었고, 교사의 지시를 잘 따르는 학생들은 그 전부터 교사의 지시를 잘 따르는 학생이었다. 수업 시간에 수업을 잘 듣지 않는 학생은 끝에 가서도 대부분 잘 듣지 않고, 교사의 지시를 잘 따르지 않는 학생들도 인간적인 관계를 맺지 않으면 결국 끝까지 잘 따르지 않는다. 변화가 얼마나 있는가에 따라 판단하면, 성장을 하는 학생은 많지 않다. 학교는 학생들 사이의 능력 차이를 확인할 뿐, 성장과는 거의 상관없는 공간이 되어버린다. 물론 학생들은 성장한다. 전에 알지 못했던 지식을 알게 되고, 그 지식을 사용하는 평가를 받는다. 지식의 성장을, 지식을 적용하는 방법을 평가받는다. 그나마도 아주 단편적인 측면에서 평가받는다. '공정한 평가'를 위해서 시험을 보게 된다.

대학교 입학설명회를 이리저리 찾아다니며 듣던 시기가 있었다. 그때 모든 입학사정관이 강조하던 말이 '학생의 성장 가능성'과 관련된 '학업 역량'과 '전공 적합성'이었다. 학교마다 정의는 조금씩 달랐지만, '성장 가능성'과 '학업 역량·전공 적합성'은 동일하게 평가되지 않는다고 느꼈다. 대학에서 말로는 '성장 가능성'이 중요하다고 이야기하지만, 실제로는 그 학생이 가지고 있는 능력이 얼마나 되는지 평가하는 것이 훨씬 중요하다고 느꼈다. 가르치는 사람으로서 왜 능력을 평가해 선발하는지는 이해한다. 결국 공정한 평가를 위해서는 능력 평가가 될 수밖에 없다. 성장은 눈에 보이지 않는다. 학생을 어떤 기준으로 진단하여 판단한다고 할 때, 학생 성장 과정보다는 그저 어떤 능력이 있는지에 대해 판단할 수밖에 없다. 또한 대학 입장에서는 잘하는 학생들을 선발해야 가르치기도 편할 것이다. 잘나가는 입시학원이 학생을 좋은 대학에 입학시키는 것을 목적으로 하듯이, 대학의 목적이 학생을 기업에 취업시키는 것이라면 학생 선발 방법이 달라야 할 이유가 없다. 교육부에서 진행하는 대학평가를 고려하면 당연히 취업을 잘하는 학생들이 많아야 한다. 잘하는 학생이 많아져, 취업이 잘 될수록 대학평가 중 일부분은 유리할 테니까. 좋은 대학평가를 받아야 지원금을 더 많이 받을 수 있을 테니까. 결국 능력을 평가하는 밑바탕에는 경쟁이 항상 깔려 있다.

  나는 교사, 선생, 스승이 경쟁을 부추기는 사람은 아니라고 생각한다. 나와 생각이 다른 사람이 있을 것이다. 경쟁을 통해 더욱 큰 성장을 할 수 있을 테니 경쟁이 꼭 필요하다고 생각하는 교사, 선생, 스승이 있을 것이다. 경쟁이 없으면 어떻게 되는지는 공산주의가 잘 보여준다. 사회는 효율적으로 돌아가지 않고, 망할 것이다. 한편으로는 경쟁으로만 이루어진 세상이 어떻게 돌아가는지도 우리는 잘 알 수 있다. 누군가는 패배하고, 실패하고, 얻지 못하고, 하지 못한다. 실패가 거듭되면 결국 도태되어 아무것도 할 수 없게 된다. 경쟁은 필요한 순간에 필요한 사람이 해야 한다. 교사, 선생, 스승은 성장을 부추기는 사람이어야 한다. 경쟁 혹은 평가는 수단이어야 하고 목적이 되어서는 안 된다.

흔들리며 피는 꽃

⟨선생님이 달라졌어요⟩ - EBS

교직 생활을 시작한 첫해, 2학기가 되었을 때 나는 깊은 자괴감에 빠져 있었다. 교사라는 직업이 나와는 전혀 맞지 않는 직업이라고 생각하고 있었고, 학생들은 나의 말을 전혀 듣지 않는다고 생각했다. 어떻게 아이들과 만나야 하는가에 대해서 너무 많은 시행착오를 겪고 있었고, 교과 수업을 하는 것도, 담임교사의 역할을 하는 것도, 동료 교사와의 관계를 맺는 것도, 업무를 담당하는 것도 어느 하나 제대로 되는 것이 없다는 무기력에 빠져 있었다. 거의 매일을 무기력한 나날로 보냈고, 학생들과 함께 퇴근하는 길(아무도 시키진 않았지만, 매일 우리 반 야자 감독을 끝내고 돌아가는 길)에는 축 처진 어깨로 집에 들어갔다. 무언가 변화가 필요하다고 생각했다.

그러던 어느날 〈선생님이 달라졌어요〉라는 EBS 프로그램이 있다는 것을 알게 되었고, 챙겨보게 되었다. 〈선생님이 달라졌어요〉라는 프로그램은 〈학교란 무엇인가?〉의 한 파트였고, 이후 같은 방식으로 다양한 선생님들의 수업을 컨설팅해 주는 프로그램이라는 것도 알게 되었다. 그래서 하나씩 챙겨보기 시작했다. '학교'가 무엇인지, '선생님'이 무엇인지에 대한 고민도 그때부터 진지하게 해왔던 것 같다.

그렇게 프로그램을 챙겨보던 어느 날, 국어 선생님의 에피소드가 나왔다. 학생들에게 좋은 수업을 하고 싶었던 그 선생님은 용기 내어 프로그램을 신청했고, 자신의 수업을 공개하며 더 발전하기 위해 노력하고 있었다. 그 선생님은 전문가들에게 도움을 받아 수업을 진행하면서, 오히려 자신이 하던 수업에 점점 자신감을 잃어갔다. 아이들도 집중력을 잃어가고 있다고 느낄 때쯤, 제작진과 인터뷰에서 그 선생님은 〈흔들리며 피는 꽃〉이라는 시를 읽었다. "흔들리지 않고 피는 꽃이 어디 있으랴" 할 때 그 선생님은 흐느꼈다. 시를 읽으며 학생들에게 문학 하는 즐거움을 알려주고 싶다던 그 마음과, 흔들리고 있는 자신에 대해 감정이 휘몰아쳐 그랬을 것이다. 나도 아이들에게 가르치고 싶은 것들이 있다는 것을 깨닫고, 내가 원하던 것을 못 하고 있다는 생각에 눈물이 났다. 이미 잠들었어야 할 늦은 시간, 선생님의 인터뷰를 보면서 다시 한번 힘내보자고 생각했다.

다음 날 아침, 학교에 출근하고, 조회에 들어가 별일 없는 안내 사항을 전한 뒤, 잠시 교실을 바라보고 있었다. 가만히 서 있는데, 한 학생이 나에게 왔다. 그러고는 대뜸, 자기는 EBS 같은 거 잘 안 보는데 어쩌다 보게 되었고, 거기에 어떤 선생님이 인터뷰를 하면서 눈물을 흘렸다고 이야기했다. 그러고는 이어서 "그 선생님을 보는데 쌤 생각이 났어요"라고 말했다. 태연한 척하고 싶었는데 태연한 척이 잘 안되었던 것 같다. "쌤 울지 마요"라고 말하는 학생에게 "알았어"라고 대답하고는 교실을 나왔다. 한 번 크게 심호흡을 하고, 교무실로 들어갔다. 아무 일도 없었던 것처럼. 이 글을 쓰는 지금에서야 왜 내 생각이 났는지 물어봤어야 한다는 생각이 든다. 그 선생님의 어떤 면을 보고 내가 떠올랐던 걸까?

굳이 이 에피소드가 아니었어도, 〈흔들리며 피는 꽃〉은 나에게 항상 감동을 주는 시였을 것이다. 세상의 모든 이야기가 그렇듯, 자신의 이야기가 되었을 때 더욱 잊히지 않는다. 그때의 마음이 잊히지 않고, 그곳에 서 있던 학생도 잊히지 않고(생각할 때마다 너무 미안한 학생 중 하나다), 아주 철없이 교실로 내던져진 1년 차 교사도 잊히지 않고 있다. 그때의 나는 그저 버티고 견디고만 있었다. 지금의 나라고 해서 버티고 견디고 있지 않은 것은 아니다. 여전히 버티고 견딘다. 그때의 나보다 조금 더 성장했을 것이라 믿고, 흔들리며 꽃을 피워낼 것이라고 믿고, 그저 바람과 비를 버티고 견디고 있다.

선생 혹은 스승

《얘들아 너희가 나쁜 게 아니야》 - 미즈타니 오사무

《GTO(그레이트 티처 오니즈카, 반항하지 마)》 - 토루 후지사와

《암살교실》 - 마스이 유세이

소개한 세 작품 중 두 가지는 만화책이다. 《GTO》와 《암살교실》은 만화책이고, 《얘들아 너희가 나쁜 게 아니야》는 밤의 선생이라 불리는 미즈타니 오사무의 경험담이다. 일본 사람이 저자인 책만 소개하니 매국노가 된 느낌이지만, 이 글을 쓰기 며칠 전 OTT서비스를 둘러보다가 시청했던 영상목록에 나오는 목차를 보고, 책에서 나오는 여러 가지 이야기를 통해 '선생'에 조금 더 다가갈 수 있지 않을까 하는 생각이 들었다.

《얘들아 너희가 나쁜 게 아니야》는 대학생이 되기 전에 읽었던

책이고, 《GTO》는 대학을 다니면서, 《암살교실》은 교사가 된 후 읽게 되었다. 세 작품 모두 비슷한 마음이 들게 했던 책이다. 세 작품의 공통점을 찾자면 아이들은 힘들다는 것이다. 학교를 다니는 것 자체가 기적인 학생들도 있고, 학교를 다니고는 있지만 학교 밖의 다양한 어려움들이 학교생활에도 영향을 주는 사례도 많다. 굳이 교사가 아니더라도, 교사가 될 생각이 없더라도 특정 장면에서는 눈물을 흘리게 만드는 책들이다. 또 다른 공통점으로는 매우 존경받는 선생님이 나온다는 것이다. 그리고 그 선생님들의 공통점을 잘 찾아보면, 모두가 생각하는 선생의 조건이 될 것 같다.

믿음

미즈타니 오사무 선생님의 일화들을 하나하나 살펴볼 때마다, 오사무 선생님은 학생들을 만나면서 항상 믿음을 주고 있다는 느낌을 받는다. 그 학생이 어떤 모습을 하고 있는지는 중요하지 않다. 그 학생이 어떤 과거를 경험했는지도 중요하지 않다. 그저 학생이 현재 하는 말을 믿고, 과거의 잘못도 학생이 잘못한 것이 아니라고 해주며, 앞으로 잘할 수 있을 것이라고 믿는다. 학생이 나아질 것이라는 믿음이, 종교인이 신을 믿는 것처럼 절대 흔들리지 않는다는 것을 책을 통해 알 수 있다. 학생을 온전히 믿는다는 행동은 쉬운 일이 아니다. 학교에서 생활하며 많은 학생들을 만나고 이야기를 나눌 때마다 조심해야 하는 것이 조건 없는 믿음이기 때문이다.

  어떤 영악한 아이들은 교사의 믿음을 이용하고, 교사는 그로 인해 상처를 받기도 한다. 학생들이 하는 말을 무조건 믿어서도 안 되고, 그렇다고 해서 무조건 의심만 해서도 안 되는 이상한 상황에 항상 놓여 있는 것이 교사다. 학생을 믿지 못하는 교사나 학교는, 학생의 말이 사실이라는 것을 증명하는 절차들을 만들어 왔다. 학생은 그 절차에 따라 믿어달라고 이야기해야 한다. 그냥 믿어주기만 하면 간단히 끝날 일들이, 학생에 대한 믿음이 없거나 그동안 학생들이 쌓아온 상처들로 인해 믿기 어렵고 힘든 일이 될 때가 많이 있다. 야자 시간에 아프다는 아이를 집에 보내주기(?) 위해 학원을 가기 위해서 빼달라고 하는 것은 아닌지 확인하고, 지난번에 빠질 때도 이렇게 빠지지 않았냐고 잔소리하고, 고3이 되었으니 힘든 것도 좀 견디고 해야 한다고 핀잔을 주고, 부모님께 전화하고, 다른 데 들렀다 가지 말고 바로 집으로 가야 한다고 이야기하는 과정들을 굳이 거쳤던 이유도(이제는 야자를 하는 학생 자체가 별로 없어서 이런 것도 잘 안 한다), 아프다는 말을 그저 믿고 보내줬더니 SNS에 "야자 하는 XX들 난 야자 째고 노래방 ㄱㄱ"라는 글을 써대는 학생을 본 경험 때문이다.

  이런 사소한 일에도 학생을 온전히 믿어주기가 어려운데 애당초 교사에 대한 불신(어떤 말을 해도 믿어주지 않던 교사들 때문에, 어른을 신뢰

할 수 없는 상황 때문에,《암살교실》에서는 달을 파괴한 범인이라서)이 가득 차 있는 학생들을 온전히 믿는다는 일은 더더욱 어려운 일일 것이다. 그럼에도 선생은 그 어려운 일을 해낸다. 학생을 믿는다. 학생이 하는 말이 거짓이라고 간파해도 믿어준다. 왜 그런 말을 하고 있는지 알고 있어도, 혹은 알지 못해도 믿어준다. 학생을 둘러싼 모두가 '할 수 없을 거야'라고 이야기해도 잘 해낼 거라고 믿어준다. 이런 맹목적인 믿음을 통해 얻게 되는 것이 관계다.

관계

학교에서 생활하다 보면 다양한 에피소드가 발생하기 마련이다. 아주 사소한 것에서부터, 하루 종일 설명해도 모자랄 만큼 길고 지루한 것까지 다양하다.《얘들아 너희가 나쁜 게 아니야》에 나오는 에피소드들은 일반적인 교사가 한 번이라도 경험하게 되면 평생을 좌우할 영향을 줄 만큼 엄청난 에피소드들로 가득 차 있다. 한 사람에게 그런 일들이 일어날 수 있다는 사실도 놀랍지만, 그 모든 게 실화라는 것도 놀랍다. 만화야 만들어진 이야기니까 대단한 이야기들로 가득 차 있다. 그 이야기들의 공통점은 교사와 학생 사이의 관계를 만들어 가는 이야기라는 것이다. 물론 좋은 관계를 맺는다. 학생들을 믿어주는 것으로부터 시작해서, 학생이 처해 있는 상황에 대해 이해한다. 공감과는 다른 문제지만, 학생을 있는 그대로 받아들인다. 있는 그대로 받아들여진 학생은 교사와 좋은 관계를 맺게 된다.

《GTO(반항하지 마)》에서 교사로 생활하는 오니츠카는 삶이 폭력으로 얼룩져 있는 사람이다. 학생들의 말도 안 되는 반항을 그대로 받아쳐 내면서, 일반적인 교사들은 도저히 할 수 없는 방법들로 학생들을 대하고, 학생들은 그런 말도 안 되는 일을 하는 오니츠카를 보며 그동안의 교사들과는 다르다는 것을 깨닫고, 새로운 관계를 맺기 시작한다. 새로운 관계를 맺어나가는 학생들과 오니츠카의 에피소드들이 차곡차곡 쌓아나갈수록 더 깊은 갈등이 드러나지만 결국에는 관계의 힘과 오니츠카의 믿음으로 사건들을 헤쳐나간다.

교사와 학생과의 관계가 어떤 방식으로, 어떤 상황으로, 어떤 감정으로 관계를 맺었는가는 중요한 문제이지만, 좋은 관계가 맺어지고 나면 크게 상관이 없는 것 같다. 학생과 교사는 좋은 관계를 맺고 있고, 좋은 관계의 바탕에는 앞서 말한 흔들리지 않는 믿음이 있다는 것이 선생과 제자 사이의 특별함이다.

희생

좋은 관계에서 비롯된 것이든, 믿기 때문에 벌어지는 일이든 세 작품에서 공통적으로 나타나는 것은 교사의 희생이다. 자신의 목숨을 걸거나, 자신의 손가락을 걸거나, 자신의 미래를 걸고서 결국 희생한다. 야쿠자로부터 학생을 빼내기 위해 자신의 손가락을 잘라야 했던 오사무 선생님의 에피소드를 볼 때면, 내가 어떤 학생을 위해서 그런 결정을 내릴 수 있을지 많은 고민을 하다가도, 내심 나에게 그런 일이 벌어지지 않을 거라는 막연한 기대를 갖고 안심하게 된다. 누구에게나 일어날 법한 일은 아니지만 훌륭한 교사라면, 좋은 선생이라면 자기 자신을 희생할 것이라는 원인을 알 수 없는 기대가 생긴다.

대학에서 배웠던 '성직으로서의 교사'를 생각해 보면, 좋은 선생님들은 손가락을 잘라내야 하는 희생까지는 아니더라도, 항상 자기 자신을 희생할 것처럼 느껴진다. 배려와 나눔의 차원이 아니라, 남들은 쉽사리 할 수 없을법한 일들을 해낼 것이라고 생각하게 만든다.

《암살교실》은 주인공인 '살(殺)선생'의 목숨을 학생들이 빼앗아야 하는 것이 메인 스토리다. 살선생은 달을 파괴한 나쁜 악당이다. 학생을 가르치는 선생이라도 악당이니 목숨을 빼앗는 것 정도야 아무것도 아닌 것처럼 느껴질 수 있다. 그러나 교사인 내가 느끼기에 '살선생'이 걸고 있는 것은, '나를 죽이지 않으면 지구를 폭파하겠다'는 학생들에 대한 협박이 아니라, 진짜 자기 자신의 목숨이다. 교사는 목숨을 걸고 학생들 앞에 서서 가르치고 있는 것을 비유하는 것 같아 마음이 답답하고 힘들었다.

교사들은 학생들을 위해 자신의 것을 놓아야 하는 일들이 있다.

내가 학생일 때에도 입학식 날 뒤에 서 계시는 다른 친구들의 부모님을 보며 '앞에 서 계신 선생님들도 누군가의 부모일 텐데 입학식에 못 가시겠네'라는 생각을 했었다. 이런 일 말고도 사소하게 학생들을 위해 자신의 것을 이유 없이 나누는 모습들을 자주 접할 수 있다. 그런데, 사소하더라도 교사의 희생을 당연하게 생각하는 학생들이 늘어나고 있어서 마음이 아프다.

믿음, 관계, 희생은 세 작품에서 공통적으로 보여주는 선생의 모습이라고 본다. 누구나 할 수 있는 것은 아니지만, 그렇다고 아무도 할 수 없는 일도 아니다. 그저 마음에 걸리는 것은 '희생'이다. 희생은 어떤 사람은 할 수 있는 것이지만, 교사인 '누구에게나' 기대해도 되는 것인가 했을 때, 아니라고 생각하기 때문이다. 내가 직업으로서 교사를 하고 있기 때문에 자기 방어를 하기 위해 그렇게 생각하게 된 것인지, 아니면 누구나 교사에게 희생을 강요하기 때문인지는 스스로도 결론을 내리지 못했다. 나에게 중요한 것은, 세 작품을 통해 얻게 된, 선생 혹은 스승에게 필요한 믿음, 관계, 희생이라는 세 단어를 마음 한편에 두고 생활하게 되었다는 것뿐이다.

교실에 학생이 '앉아' 있는 것

"학생은 학교에 왜 앉아 있는 것일까?" 하는 물음은, 매년 되풀이되는 나의 고질병 같은 것이다(이런 고질병이 몇 개 더 있다. 그래서 이런 책을 쓰려고 하는 것이지만). 수업 시간에 집중하여 수업을 듣는 학생은 생각보다 많지도 않고, 적지도 않다. 그러나 확실한 것은 '무서운 선생님' 혹은 '재밌는 선생님(아쉽게도 난 둘 다 아니다.)'이 아닌 이상에야 그저 '앉아 있기'를 실행하고 있는 학생들은 꼭 존재한다는 것이다. 아마 교직에 들어선 지 얼마 안 된 선생님들은 이해가 되지 않는 일일 것이다. 본인들이 교실에 그냥 앉아만 있어 본 경험이 거의 없을 테니까.

나는 수업 시간에 항상 재미있게 수업을 듣는 학생이었다(그리고 난 여전히 어떤 수업이든지 열심히 재밌게 듣는다. 심지어는 민방위 훈련을 할 때 진행되는 강의도 열심히 듣는다!). 수학을 못하는 학생이었어도, 수학 시간에 딴짓을 하기보다는 앞의 선생님이 무슨 말씀을 하시는지 알아들으려고 노력했다. 그래서 교직에 처음 나왔을 때, 수업 시간에 아무것도 안 하고 가만히 '앉아만' 있는 학생을 어떻게 대해야 하는지 알지 못했다(여전히 모른다). 잠을 자는 학생은 피곤한가 보구나 하고 생각하고(학업중단 숙려제가 도입되었을 때, 학교 부적응의 증거가 잠을 자는 거라고 해서, 우리 반 학생 3분의 2가 부적응이었던 시기도 있었다), 떠드는 학생은 수업 시간이 재미없나보다 하고 생각할 수 있었지만, '앉아만' 있는 학생은 무엇을 하는 것인지 도통 알 수가 없었기 때문이었다.

 학생에 대한 이해가 우선돼야 수업을 할 수 있기 때문에, 앉아만 있는 학생들을 어떻게 이해해야 하는지 찾아보려고 했다. 의외로 '앉아만' 있는 학생들은 ADHD(주의력 결핍 과잉 행동 장애)일 수 있다는 글을 보게 되었다. 앞에서 수업을 하고 있을 때, 집중해서 수업을 들어야 함에도 불구하고 자신의 생각에 빠져서 집중하지 못하는 증상이 겉으로 보기에는 '앉아만' 있는 것이라는 글이었다. 선생님이 무언가를 시켜도 하지 못하는 이유가 주의력 결핍이라는 것이 당연하게 느껴졌지만, 과잉행동이 나오는 것은 아니기에 적절한 진단인가? 하고 고민해 보게 되었다. 그 글도 주의력 결핍에 대해서만 이야기하고, 어떤 방식으로 주의력을 높여주어야 하는지는 설명하지 않았다. 아마 동기부여 방법을 사용해야 할 것 같은 느낌을 받았을 뿐, 실제로 그렇게 해야 하는지는 알 수 없었다.

그러던 중, 어떤 '문제'가 있어서 '앉아만' 있는 것이라고 생각하는 것은 내가 너무 안일하게 생각하는 게 아닐까 해서, 학생에게 물어본 적도 있다. 대답은 의외로 당연(?)했다. 뭔 소리를 하는지 도통 못 알아듣겠어서 그냥 '앉아만' 있다고 하는 것이었다. 그때 나는 꽤 충격을 받았는데, 내 나름대로(이 단어는 참 유용하게 쓰인다. 나는 물론 학생들도) 학생이 못 알아들을 만한 단어들은 쉽게 풀어서 설명하는 것에 능숙하다고 생각했기 때문이었다. 그래서 못 알아듣겠다는 게 너무 빨라서 그런 건지, 아니면 단어가 너무 어려워서 모르겠다는 것인지 물어보았지만, 정작 그냥 못 알아듣겠다고만 하니 더욱 답답해졌다. 수업 시간에 단어나 개념들을 더 쉽게 이야기해 보려고 노력했지만, '앉아만' 있는 학생은 쉽사리 변하지 않았다.

그래서 내가 '못 알아듣는 상황'이 어땠는지를 생각해 보니 처음 듣는 단어들이 너무 많거나, 상황이 익숙하지 않거나, 상황과는 전혀 다른 맥락의 말을 하거나, 말하는 사람에게 내가 아무런 관심이 없을 때였다는 것을 깨닫게 되었다. 그리고 알게 되었다. 내가 수업하는 내용에 아무런 관심이 없는데, 앉아 있는 것이 규칙이라서 '앉아만' 있었다는 걸. 나에게 도통 못 알아듣겠다고 말했던 학생도 실은 앞에서 무슨 말을 하는지 관심이 없으니까 안 들어서 그랬다는 걸 깨닫게 된 것이다. 그때 절절하게 다가왔다. 나의 대학교 1학년 교육학개론이.

교육학개론 시간이 나에게 남겨준 단어는 세 가지가 있는데, '상구자', '하화자', '에밀'이다. 여태껏 '에밀'은 안 읽었다. 교육학개론 교수님이 에밀은 꼭 읽으라고 했는데, 그 교수님에 대한 반발심이 너무 심해져서 안 읽었다. 수업 시간에 상구자, 하화자 만 이야기하는데도 매번 두 시간이 훅 가버리고, 정작 나는 '개론'이 뭔지 궁금했다. 여하튼, 나는 결국 상구(上求)자와 하화(下和)자가 만나야 교육이 된다는 말을 정확히 이해하게 된 것이다! 그래도, 아무 소용이 없었다. 수업에 관심이 없는 학생이 관심을 갖도록 동기부여를 해야 한다는 것은 이미 너무 뻔한 이야기였고,《수업시간 5분을 잡아라》같은 책을 읽고 적용해 봐도, 책에 있는 내용을 실행할 능력이 부족한 나는 '앉아만' 있는 학생의 관심을 끌 수가 없었다. '위로 구하는 마음'이 생기는 것이 어떤 것인지는 사람마다 다른 문제였던 것이다.《천재 유교수의 생활(야마시타 카즈미)》에 나오는 대사가 정확하게 들어맞았다. "교사는 학생을 선택할 수 없어요. 하지만 교사란 늘 학생에게 선택받는 존재지. 그게 교사야"

내가 하는 이야기를 들어줄 사람이 있어야 가르칠 수 있다. 교실에 학생이 '앉아' 있고 내가 수업을 한다고 해서 교사가 되는 것이 아니다. 가르치고 배우는 일도, 사람 사이에 벌어지는 일이니 상호작용이 꼭 필요한데, 정작 나는 학생에게 선택받아야 교사가 될 수 있다. 수업 시간에 '앉아만' 있는 학생들을 볼 때마다 내가 선택받지 못했음에 슬픈 마음이 든다('방해하는 것보다는 나은가?'라는 생각도 하긴 한다). 내가 하는 이야기가 공허하게 자리에서 흩어질 테니까. 하지만 거기서 멈추면 안 된다. 내가 하는 이야기가 공허하게 끝나지 않게 들어주는 학생들이 있다. 나를 '선택'해 준 학생들에게 열심히 해야 한다. 내가 뭐라고 내가 하는 이야기를 교실에 앉아서 들어준단 말인가. 전달하려는 이야기가 공허하게 끝나지 않게, 마음속에, 머릿속에 남는 것이 있게 열심히 해야 한다. 하다못해 교사도 학생이 선택하는데, 선생 혹은 스승이야 말해서 무엇할까?

교권

"교권추락에 교직선호도가 떨어져 교대에서 자퇴생이 증가하고 있습니다"

"교권 없어진 건 다 교사들이 잘못해서 그런 거지, 다른 이유가 어디 있어?"

"이번 교권보호위원회에서 다룰 사안은…"

교권이란 단어가 뉴스에 나올 때, 긍정적인 표현들이 덧붙은 게 얼마나 오래되었는지 사람들도 잘 알고 있을 것이다. 누구는 '학생인권조례' 때문이라 하고, 누구는 그동안 선배들의 잘못을 현직에 있는 사람들이 받고 있는 것이라고 이야기한다. 해석에 따라 다르겠지만, 교권이란 것 자체가 바뀌었다고 보는 사람들도 있는 것 같고, 교권은 그대로 있는데 사람들의 취급이 바뀌었다고 보는 사람들도 있는 것 같다. 언제나 그렇듯 대화나 토론은 같은 것을 같게 정의할 때 할 수 있다. 그러나 교권에 관해서는 같은 생각을 가지고 있다고 믿기만 할 뿐 정작 서로 어떤 생각을 가지고 있는지는 관심이 없는 것 같다. 마치 교사가 당연히 학생을 사랑할 거라고 믿는 것처럼. 물론, 단어 하나하나를 따지다 보면 한도 끝도 없다. 그저 같을 것이라고 생각하고 이야기하는 게 당연한 일이다. 그러나 교권은 추락 가능한 것인지, 교권은 없어질 수 있는 것인지, 교권은 어떻게 보호받아야 하는지 이야기하려면 교권에 대해 되돌아봐야 한다. 교권은 넓게는 교육권이라고 할 수 있다. 교육권이 돼버리면, 교육에 대한 논의를 해야 하기 때문에, 너무 넓은 것들을 봐야 한다. 그래서 교육권이라고는 하지 않겠다. 단순히 '교권'으로서 먼저 접근해야 한다.

  권리, 권한, 권위는 학문적으로는 엄밀하게 나누지만 일상생활에서는 크게 구분하지 않는다. 그러나 '교권'을 권리, 권한, 권위로 나누어 접근하는 사람들도 많다. 교권을 '교사의 권리', '교사의 권한', '교사의 권위'로 설명할 수 있다면 이미 우리는 서로 다른 세 가지의 생각을 가지고 이야기를 나누고 있는 것이다. 그리고, 이 세 가지 생각이 모두 올바른 생각이기 때문에, 만약 세 가지가 모두 문제라면 해결책도 이 세 가지 생각에 맞추어 나와야 할 것이다. 하지만 우리는 각각에 맞는 해결책을 찾고 있지 않고, 혼합하여 찾고 있는 것 같다. 정말 문제가 맞는지 일단, 위에 있다가 아래로 추락하고 있는 것부터 살펴보자.

교사의 권위

아직 젊은 나이(라고 믿고 싶은 나이)라서 아주 오래전 선생님들이 어땠는지는 모른다. 나라고 학교에서 안 맞아본 것은 아니다. '잘못'하면 맞는 게 당연한 시절이었으니까, 나도 어느 정도 맞았다. 다행이라면 다행일지, 감정이 실린 체벌은 없었던 것 같다. 그러니 교사가 되겠다고 마음먹을 수 있었겠지만. 그럼 그때는 왜 학교에서 교사에게 맞아도 그냥 넘어갔던 것일까? 학생인권조례가 없어서 그냥 넘어갔나? 아니다. 내 생각에 맞고도 그냥 넘어갈 수 있었던 이유는 다른 곳에서도 많이 맞았기 때문이다. '가르치기' 위해서 체벌이 누구나 가능했기 때문이다. 난 젊어서(…) 경험해 본 적이 없는데, "길 가던 옆집 아저씨께 잘못하면 싸대기를 맞던 낭만(…)의 시기"라는 인터넷 글을 본 적이 있다. 그러고는 그냥 넘어갔다는데 지금의 나는 잘 이해가 되지 않는다. 실제로 그랬는지, 법보다 주먹이 가까웠던 시절에는 그랬는지 나는 알 수가 없다. 하지만 다르게 생각해 보면 어른의 체벌행위는 가르치기 위해 필요한 행위라는 사회적·암묵적 동의가 있었던 것 같다. 요즘 애들 말로 '참교육'을 위해서는 물리적 폭력이 수반되는 상황이 있어야 한다고 믿었던 것이다. 또 다르게 생각해 보면 어떻게 해야 할지 몰랐기 때문에 그랬을 수 있다. 내가 폭행을 당해도, 그 이후에는 어떻게 해야 하는지 모르니까 그냥 넘어간 것이다. 예전 교사의 권위는 다 여기서 나왔다고 생각한다. 일단 교사가 '더 많이 아는' 사람이고, '어른'이며, '가르치는' 사람이니까 당연히 권위가 있다고 생각하는 것이다. 그러니 '선생님'이다. 의사가 의사'선생님'이듯. 다만, '모든 의사가 의사 선생님인가?'는 또 다른 문제다. 변호사도 변호사 '선생님'인가? '선생'으로 부를 만큼 존경하는가에 대한 기준은 결국 각자의 마음에 있다.

  권위주의라는 말 때문에 권위가 부정적인 의미를 가지고 있는데, 실은 뒤에 '주의'가 붙는 말들이 다 대체로 부정적이게 된다. ㅇㅇ주의는 'ㅇㅇ'을 고집하는 고집쟁이가 된다는 의미가 따라붙으니까 어쩔 수 없다. 그러나 권위는 부정적인 의미의 단어가 아니다. 권위가 있는 사람에게는 존경을, 따르는 사람은 스스로 따르려는 마음을 가지고 있다는 것을 표현한 단어다. 그렇기에 권력과 비교가 되는 것이다. 권력은 내가 따르려고 하지 않아도 따라야 하고, 존경하지 않아도 유지가 된다. 그렇다면 교사에게 권력이 있던 것인가? 옛 시절에는 그랬을지도 모르지만, 지금은 아닌 것 같다. 권위가 어디에서 나오는 것인가는 따로 생각해 보더라도, '선생' 그리고 '스승'은 분명 권위가 있다. '스승'이라는 말에는 존경의 의미가 들어 있고, '선생'이 하는 말이라면 잘 따라야 한다는 것이 당연하기에 '선생'과 '스승'은 권위가 있다.

권위가 추락했다는 말은 무엇을 의미하는 것일까? 더 이상 존경받지 못한다는 의미일 것이다. 더 이상 그 사람이 하는 말을 자발적으로 따르지 않는다는 것이다. 그런 의미에서 '교사의 권위'는 추락했는가? 애석하게도 맞는 말 같다. 교사는 더 이상 존경받지 못한다. 우선 '직장으로 출근하는 교사'라면 존경받을 만한 이유가 없다. 직업을 가진 사람이라면 누구나 하는 일이니까. 선배들이 쌓아온 업보 때문에 교사의 권위가 추락했는가? 그것도 틀린 말은 아니다. 그러나 일반적인 누구나 했던 일 때문이라고 하면 잘못된 것이다. 어른이라면 누구나 했던 행위(체벌)가 잘못된 것이라고 이야기하는 것은, 시대를 초월한 초월자들이나 가능한 것이다. 오히려 "그때 선생님한테 맞은 덕분에 내가 사람 됐다"고 말하는 경우를 생각해 보면, 과거의 행동이 무조건 잘못되었다고 할 수도 없다. 다만, 선을 넘었던 교사들이 문제다. 학생을 통제하지 못했다는 감정에서 오는 화를 그대로 표현하는 폭력, 조금 더 잘 보이고 싶은 마음을 이용하여 돈 내놓으라고 요구하던 촌지, 너희들은 아무것도 모른다는 학생에 대한 무시 등이 '선생님'이 쌓아 올린 존경을 무너뜨린 것이다. 개인적인 경험은 잊히지 않고, 세상을 보는 관점을 만든다. 그런 개인적인 관점이 모여 사회를 이루고 이제 더 이상 '교사'는 존경받지 못하는 직업이 된 것이다. 그런 의미에서 교권은 추락했다. '네가 그러고도 선생이야?'는 자신의 생각을 표현하기에 너무나도 적절한 말이다. '난 더 이상 당신을 존경하지 않아요'라는 의미니까. 그러나 누군가가 잘못했던 것 때문에 교사 전체의 권위가 무너졌다고 말하는 것은 잘못된 것이다. 어느 한 가지가 원인이라고 단순하게 생각하고 싶은 마음은 이해하지만, 모든 일이 그렇듯 실제로는 여러 가지 이유가 복합적으로 작용하여, 이제는 교사가 존경받을 만한 직업이 아니게 된 것뿐이다. 여전히 '선생'과 '스승'으로 불리는 사람들은 존경받으며 사람들이 잘 따르는 게 그 증거 아닐까?

지금 교사의 권위가 추락한 것이 맞다면, 이게 '문제'인가는 또 다른 문제다. 교사라는 직업은 사람들의 존경을 받아야 하는 직업인가? 특별히 더 존경받아야만 하는가? 난 아니라고 생각한다. 나는 존경까지 바라지 않는다. 다만, 교사인 나는 학생들이 자발적으로 따라오길 바란다. 여기서 문제가 발생한다. 학생들은 자발적으로 교사의 가르침을 따라오는가? 다시 생각해 보자. 이 글을 읽고 있는 '나'는 학창 시절에 교사의 가르침을 자발적으로 따라가는 학생이었는지. 지금의 학생들은 자발적으로 교사의 가르침을 따라가고 있는지. 과연 그 숫자는 교실에서 학생을 '가르칠 수 있을' 만큼이 되는지. 현장에 있는 교사들마다, 근무하고 있는 학교 환경에 따라 생각이 다를 것이다. 나는 자발적으로 따라오는 학생들의 숫자가 점점 줄어들고 있는 것 같다. 점점 나를 따르는 학생이 줄어드는 것처럼 느껴지는 이유가, 내가 가지고 있던 '젊음'이란 패가 점차 손에서 빠져나가서 그런 거라고 믿고 있다. 어찌 되었건, 앞으로도 계속 자발적으로 따라오는 학생들의 숫자가 줄어들고, 사회에서 교사에 대한 인식이 나빠지면 나빠질수록 교사는 존경받을 만한 직업군에서 점차 내려오게 될 것이다. 그럼에도 불구하고, 교사는 '가르칠 수 있는 권한'을 가지고 있다. 어떻게든 가르쳐야 한다. 가르치는 일이 직업이니까.

가르칠 수 있는 권한

"가르칠 수 있는 권한이 온전히 교사에게만 있는가?"라는 질문에는 당연히 "아니오"라고 대답해야 한다. 가르치는 일을 전문적으로 하는 직업은 다양하게 있고, 전문적으로 가르치는 일을 하지 않더라도 누구나 가르치는 일을 할 수 있기 때문이다. 의사가 사람들에 대한 의료 관련 교육을 손 놓으면, 사람들의 건강에 대한 오해는 늘어나게 될 것이다. 의사가 환자와 일반인들에 대해 정확하고 좋은 정보를 제공할 때, 올바른 치료가 가능하고 건강한 삶이 이어진다. 사람들이 건강에 대해 잘 아는 것은 의사와 환자 모두에게 좋은 일이다. 이런 식이니, 필요하면 누구나 가르쳐야 한다. 그런데 이건 잘 배우게 하는 것과는 또 다른 문제다. 그렇기 때문에 교사라는 전문 직업군이 있는 것이다. 교사뿐만 아니라 강사라는 직업군이 존재하는 이유도 마찬가지다. 잘 배우게 하는 것은 가르치는 것과는 다른 문제이기 때문이다. 당연하게도 잘 배우게 하려면 잘 가르쳐야 한다.

　가르치기 위해서 어떤 권한이 있는지는 전문성에 관해 이야기한 것과 같다. 교육과정도 재구성할 수 있고, 평가도 자율적으로 할 수 있다. 수업에 관한 다양한 권한이 잘 갖춰져 있는가와는 별개로 교사들이 알아서 열심히 움직이고 있다. 그렇다면, 교사의 가르치기 위한 노력을 잘 인정해 주고 있을까? 애석하게도 어느 순간에는 인정해 주지 않는다. 특히 평가와 관련해서는 잘 인정해 주지 않는다. 학생의 성장을 평가하는 것이 얼마나 어려운지 다시 설명하려고 하는 것은 아니다. 다만, 교사가 평가한 것을 얼마나 인정해 주는가에 대한 것이다.

　시대가 변한 것인지, 원래 그래야 하는 것인지는 모르지만, '공정한 평가'에 무척이나 집착하는 시대다. 수능으로 100% 학생을 선발해야 한다는 의견부터, 수시로 대학을 가는 학생들을 줄여야 한다는 의견까지 다양한 스펙트럼의 의견들이 있지만, 수시를 늘려야 한다는 의견은 소수에 해당하는 것 같다. 수시를 줄여야 한다는 의견의 바탕에는 교사의 평가에 대한 불신 혹은 학교별·지역별 학업능력 차이가 있을 것이라는 믿음이 있다. 대학에서 학생을 평가할 때, 학교별·지역별로 학업능력 차이가 있다고 생각할 것이라는 믿음이 모두에게 있을 것이다. 그게 아니라면 대학에서 학생에 대해 평가할 때 굳이 고교 블라인드를 할 이유가 없다. 수시에 대한 불신은 가르치는 것이 다 다르고, 배우는 것 또한 다 다르고, 그에 따른 평가도 다 다를 테니, 모두가 같은 평가를 받는 제도로만 학생을 선별해야 한다는 믿음이 바탕에 있다. 역시 일부는 맞는 말이다. 학생에 따라 가르치는 것도 달라야 하고, 배우는 것도 달라야 하고, 그에 따른 평가도 달라야 한다. 그게 진정한 의미의 가르침과 배움일 것이다. 학생이 다 다르다면, 가르치는 것과 평가도 다 달라야 한다. 모두 같은 것만을 배우게 해서는 안 된다. 세상은 다양한 사람이 살고, 서로 다른 모습으로, 함께하는 곳이니까, 학교도 다양한 것을 가르치고, 함께할 수 있도록 가르치고 평가해야 한다.

하지만 우리는 다양하게 가르치고 평가하고 있는 척을 하고 있다. 세상에 다양성과 자유가 존재해야 한다고 믿는다면, 현재 수능으로만 대학을 가야 한다고 하는 주장을 비판해야 한다. 우리는 무엇을 공정하다고 느끼는가? 결국 같은 잣대로, 일부만 잘할 수 있는 것을 기준으로, 그마저도 서로의 상대적인 위치만을 평가하는 시험이 가장 옳다고 믿는다. 여기까지는 어떤 평가 방식이든지 비슷할 테니 그러려니 하고 넘어가더라도 문제는 그다음에 있다. 수능이라고 하는 것이 모든 것을 예측하게 해줄 것이라고 믿는다. 하나의 잣대로 모든 것을 예측하는 것은 헛된 일 아닌가?

다양성을 인정하지 못하는 현실에 대해 가장 알려진 비유는 '동물들을 가르치고 평가'하는 것이다. 물고기는 어항에 있고, 새들은 새장에 있고, 원숭이는 나무를 타고 있는데, 평가는 100m 달리기를 하는 그런 그림. 그런 극단적인 예를 들고자 하는 것은 아니다.

그러나 정말 한 사람 한 사람 소중해서 가르치고 배우게 하는 일이 중요하다면, 교사의 가르치고 배우게 할 권한도 무척 중요하니 존중해 줘야 한다. 하지만 현실은 그렇지 않다. 선생은 누구인가? 결국 '나'를 발견해 주고 이끌어 주는 사람이다. 스승은 누구인가? 나를 발견해 주는 것에서 끝나지 않고 참된 가르침(이마저도 '나'의 가슴을 울리는 가르침)을 주는 사람이다. 모두를 같은 잣대로 판단하고 보는 사람은 절대 다다를 수 없는 곳이다. 같은 잣대로 판단하는 것이 옳다고 믿는 사람들이 많아지면 많아질수록, 하나의 잣대에 적합한 인간이 되는 법만을 가르치게 될 것이고, 그렇게 되면 어떻게 가르칠 것인가에 대한 고민은 점차 줄어들게 될 것이다. 그만큼 학교에는 선생과 스승이 줄어들고, 그 자리에는 '직장에 출근하는 교사'가 들어올 것이다. 이게 우리 사회가 진정 원하는 길은 아닐 것이다.

그럼에도 불구하고, 많은 선생님들은 노력하고 있다. 자신이 가지고 있는 가르칠 수 있는 권한을 활용하여 학생들을 참되고 바르게 가르치기 위해 노력한다. 교권을 보호해야 한다면, 보호해야 하는 것은 학생을 참되고 바르게 가르치고 기르려는 마음이다. 학생이 스스로 가진 것을 충분히 깨닫고 성장하게 해주는 것이 우리의 목표다. 학교 현장에서 학생들을 만나며 사회로 나아갈 '민주 시민을 양성'하는 모든 교사에게 꼭 필요한 마음가짐을 지켜줘야 한다. 교사의 권한 남용을 막아야 하듯, 열심히 노력하는 마음가짐도 지켜줘야 앞으로 희망이 있다. 스스로 잘 지키는 선생님들뿐만 아니라, '흔들리고 있는' 교사들이 다시 돌아올 수 있게 보호해 줘야 한다. 그렇게 하기 위해 필요한 것은 의외로 간단하다. 교사의 잘못된 권한 남용을 막아야 하듯, 학교에 들어올 수 있는 잘못된 권한 남용을 사회가 나서서 막아주면 된다. 그게 또 다른 의미의 '아동보호'가 될 것이다.

교사의 권리

교육법상 교사에게는 보장되는 권리는 다음과 같다. "학교 교육에서 교원의 전문성은 존중되며, 교원의 경제적·사회적 지위는 우대되고 그 신분은 보장된다". 그 외의 법조문을 살펴보면, 딱히 권리와 관련된 것은 없는 것 같다. 이후에 나오는 내용은 거의 다 의무 조항이다. 생각보다 당연하고 별거 없다. 앞 부분의 교원의 전문성은 오히려 권한에 가깝고, 뒷부분의 '경제적·사회적 지위는 우대된다'가 권리 정도가 될 것이다. 그렇다면 교사는 경제적·사회적 지위를 우대해 달라고 요구할 수 있다. 사회적 지위를 우대해 주는 것이 어떤 것인지 나는 잘 모르겠다. 하지만 경제적 지위를 우대해 주는 것은 간단하게 접근할 수 있다. 다른 직업군의 경제활동 결과보다 조금 더 좋은 대우를 해주면 된다. 비교군을 어디에 둘 것인가도 단순한데, 바로 공무원이다. 교사의 월급은 공무원 월급에 비교하면 아주 쉽게 비교할 수 있다.

 교사도 1호봉부터 급여체계가 만들어져 있지만, 1호봉을 받는 사람은 실제로 존재하지 않는다. 요즘 교직에 나오는 대부분의 교사가 8호봉 혹은 9호봉부터 시작한다. 교사 8호봉은 7급 공무원 초봉 수준으로 임금이 결정된다. 군인 간부로 치면 중위부터 시작이라고 할 수 있다. 하지만 교사는 9급에서 8급, 7급 등으로 급수가 변하는 것이 아니므로, 다른 공무원이 가진 마지막 호봉(25호봉)에 비해 더 큰 숫자의 호봉체계를 가지고 있다. 40호봉까지 만들어져 있고, 40호봉은 4급 공무원과 비슷한 수준의 금액이다. 아주 단순하게 접근하면, 교사는 7급 공무원으로 출발해서 4급 공무원으로 정년을 맞이하게 된다고도 볼 수 있다. 군인으로 치면 중위부터 시작해서 중령까지 하고 퇴직하게 된다. 모든 중위가 중령이 될 수 있는 것은 아니고, 보통의 공무원이 9급에서 4급으로 가는 것도 생각보다 어려운 일임을 감안하면(7급에서 4급은 좀 다른 이야기지만), 경제적 지위를 우대해 주는 것으로 보인다. 그런데 "요즘 젊은 교사들의 퇴직이 많이 늘어나고 있어서 문제다"라고 많이들 말한다. 이는 공무원 전체의 문제이므로 우리 사회가 공무원을 바라보는 시각이 변해야 해결할 수 있는 문제다. 공무원 및 군인은 저연차 때는 도무지 미래가 보이지 않는 생활을 하다가, 나중에 버티고 버티다 높은 직급으로 가면 문제가 해결되는 구조를 가지고 있다. 이런 문제는 한 해 두 해 있었던 일이 아니고, 계속 그랬던 문제다. 요즘

들어 더 문제가 되는 이유는, 그동안 저연차 월급이 안 올라도 너무 안 올랐기 때문이다. 공무원 월급이 안 오르는 이유 중 하나로 많은 월급을 받는 고연차 공무원도 한몫한다. 올리려면 같이 올려야 하기 때문이다. 교사도 공무원에 준해서 월급이 정해지다 보니 마찬가지의 문제를 겪는다. 저연차 공무원의 경제적 보상이 우리나라 최저임금에도 미치지 못한다는 그 현실이 터무니없다. 지금의 현실은 최저 임금을 차등 지급 해야 한다고 주장하시는 분들에게 합당한 논리를 제공해 주는 일이다. "저 봐라, 공무원 저연차는 최저임금보다 못 받는데, 그게 다 생산성이 떨어져서 그런 것 아니냐"라고 거칠게 주장하면 할말이 없다. 교사야 7급부터 시작하니까 괜찮은 것처럼 보이지만, 실상 차이가 없다. 내가 국방의 의무를 하면서 느낀 '시간과 돈을 교환하는 직업이 바로 공무원과 군인'이라는 생각이 계속 맞아떨어지는 것 같아 좀 씁쓸하다. 그래도 버티고 버티기만 하면 괜찮아질 거라고 생각하면 나아지기도 하는데, 대신 내가 노력해야 할 이유도 같이 사라지는 것 같다. 왜 노력해야 하는가? 사고 안 터지면 그냥 다 알아서 보상이 되는데. 아, 점점 더 선생에서 멀어진다. 스승은 꿈도 꿀 수 없다. 조금이라도 문제가 될 것 같으면 잔소리도 안 하게 되고, 첫 마음도 옅어진다. 그래도 대부분 교사들은 열심히 한다. 모든 사람들이 그렇게 버티고 살아가듯, 교사들도 학교에서 버티고 살아간다.

결과물

대부분의 직업인이 마찬가지겠지만, 일을 하고 남는 건 월급 정도다. 그마저도 한 달 살고 나면 어디로 갔는지 다 없어지고 없다. 뭐 얼마나 대단한 것이 남겠는가? 아르바이트를 해도 고생의 결과물이란 건 딱히 없고 월급이 남는다. 교사라고 특별히 다를 게 없다. 한 달 근무하고, 결과물로 월급이 나온다. '고생한 만큼 받는거냐'라는 물음에는 '그렇다'라고 말하긴 조금 어렵지만, 직장인이라면 누구나 그런 생각을 하고 있으니, 여전히 특별한 것은 없다. 자본주의는 웬만해선 거짓말을 하지 않는다는 나의 믿음에 따르면 교사라고 특별한 건 당연히 없다. 다만, 다른 직업과 다른 게 무엇이 있는가 하면, 생산직은 생산물이 보이고, 영업직은 영업 결과가 보이고, 금융업은 손익 결과가 보이고, 의사들은 치료 결과가 보이고, 변호사들은 소송의 승패가 보이는데, 교사는 딱히 보이는 게 없다는 것이다. 아니라고 하는 교사들도 상당히 많겠지만, 내가 느끼기에 그렇다. 교사가 하는 일의 결과물이 무엇일까?

  몇몇 선생님들은 학생들이 얻는 성적이라고 생각하는 것 같다. 실제로 눈에도 보이고, 교사가 하는 일에 정확히 부합하는 결과물이다. 고등학교 학생들이 얻는 성적을 크게 두 가지로 나누면 내신 성적과 수능성적이 있다. 선생님들은 그 두 가지 중에 무엇을 더 자신의 결과물로 받아들일까? 나로서는 알 수 없는 일이다. 학생이 받는 성적이 나의 결과물이라고 생각하지 않기 때문이다. 내가 영향을 안 주었다는 의미가 아니라, 내가 미친 영향력보다 학생 스스로가 가진 역량이 훨씬 큰 영향을 준 결과물이라고 생각하기 때문이다. 내가 잘해서 학생들의 성적이 잘 나왔다고 믿는 교사가 있다면, 성적이 잘 안 나오는 학생들에 대해서는 어떻게 생각하고 있을까? 마찬가지로 나로서는 알 수 없는 일이다. 똑같이 수업했는데 잘하는 건 내 덕, 못하는 건 네 탓은 아닐 거다. 그래도 직업이 교사인 사람이 그럴 리가 없다. 뭔가 다른 원인을 찾겠지. 그래서 나는 교사가 만들어 낸 결과물이 학생의 성적이라고는 생각하지 않는다.

  몇몇 선생님들은 학생들이 가는 대학이라고 생각하는 것 같다. 학생들이 가진 능력에 비해 좋은 대학을 가게 되었다며, 그 결과는 선생님이 노력한 결과라고 이야기한다. 교직 경력이 얼마 되지 않았을 때, 서울대에 입학한 학생이 준 선물이라며 중요한 날에만 맨다는 넥타이를 자랑하는 선생님을 본 적이 있다. 나도 남 말 할 처지가 아닌 게, 서울대생이 준 서울대 노트를 잘 '간직'하고 있다. 노트는 쓰라고 있는 건데 가지고 있으니 민망하지만, 다른 학생이 준 '같이 이야기했던 게임이 표지에 그려진 노트'도 똑같이 잘 '간직'하고 있으니 그냥 그런 사람이려니 하자. 나도 한때 학생들이 가는 대학이 교사의 결과물이라고 착각했던 시기가 있었다. 내가 학생에게 도움을 주기 위해 했던 여러 가지 것들이, 학생에게 도움이 되었겠지 하고 믿었다. 그 믿음이 완전히 깨지게 된 계기가 있었는데, 학생이 가지고 있는 능력에 비해서 좋은 대학을 가지 못했다는 생각이 들었을 때였다. 모든 교사의 신망을 받는 학생이 있었다. 그 학생은 좋은 학벌이라고 인정받을 만한 대학에 진학했다. 다만 내가 납득이 되지 않았다. '아니, 모든 교사가 열과 성을 다했는데, 결과가 이래도 되는 건가?'라고 생각해서, 노력의 흔적들을 되돌아보고, 많은 입시설명회를 다녔다. 그렇게, 대학의 변명을 잘 듣게 되었다. 어쩔 수 없는 일들이 벌어진다고 했다. 학생을 정확하게 파악하는 것은 쉽지 않고, 우수한 학생을 제대로 발견하지 못해, 대학에서도 난처한 상황이 꽤 있다고 했다. 그렇게 생각하니 대학 입시 결과를 교사의 결과물이라고 단정 짓기에는 무리가 있어 보였다.

　대학 입시에서 점차 교사의 영향력(교과세부능력특기사항)이 커지고 있고, 그래서 학생들이 수업을 따라오고 하는 모습들이 나타난다. 그러나 '내'가 적어준 교과세부능력특기사항 때문에 학생이 대학을 잘 가는가는 다른 문제다. 오히려 모두의 노력에 내가 한 줌 보태는 것에 가깝다. 특히 담임교사가 많은 노력을 기울이기 때문에 더욱 그렇다. 그래서 '내가 고3 담임이니까, 학생의 대학 진학에 더 많은 지분을 가지고 있다!'라고 생각하는 분들이 있을 수도 있다. 하지만 내가 해본 고3 담임은 '대학검색어플'의 역할이 더 큰 것 같다. 내가 입시경쟁이 치열한 지역에 있지 않아서 더욱 그럴 수 있다. 서울은 그마저도 다른 데서 받아오겠지 하고 막연히 생각해 본 적도 있다. 학생·학부모(이때도 보호자가 아님)의 의지가 더 큰 영향을 주는 것이 입시지도라고 느낀다. 결국 학생이 들어간 대학도 교사가 만든 결과물은 아니라고 생각한다.

  몇몇 선생님들은 학생들이 갖는 직업이라고 생각하는 것 같다. 열심히 노력한 학생들이 성공한 이야기를 해주는 선생님을 만난 사람들도 많을 것이다. 내가 고등학생 때, 한 달에 한 번씩은 브레이크 댄서의 선생님이었다는 사실을 말해주는 선생님이 계셨다. 브레이크 댄서에 대해 이야기하실 때마다 분명 맥락은 있었는데, 어떤 맥락이었는지는 기억은 잘 나지 않는다(그래도 브레이크 댄스가 머리에 남은 걸 보니 역시 반복은 머릿속에 많이 남는 기억법이다). 당연하게도 이 말을 하셨던 선생님은 체육선생님이 아니다. 추측하건대, 그 유명 브레이크 댄서의 담임선생님이었던 것 같다. 그래서 '노력해 봐라, 하면 된다'라고 말하셨고 그래서 댄서가 되었다고 말해주신 것 같다. 모든 선생님은 학생을 믿고 응원하니까, 그 학생이 그 분야에서 성공하게 되면 '내가 영향을 준 결과물'이라고 생각하는 게 당연하다. 나는 조금 다르게 보는데, 결국 어려움을 헤쳐 나간 것은 그 학생이지 내가 아니다. 그 학생이 어려움을 헤쳐 나갈 에너지를 주었다는 것에는 당연히 동의한다. 하지만 실제 행동으로 옮겨 성과를 낸 것은 교사인 내가 아니다. 그 학생이 응원과 믿음을 준 선생님을 찾아 "선생님 덕분입니다!"라고 하는 게 선생님이 받을 결과물이지, 그 학생의 직업은 교사가 만든 결과물이 아니다.

 몇몇 선생님들은 스스로 노력해 이룬 성과가 결과물로 남는다고 생각하는 것 같다. 교사라는 직업을 갖고 해야 할 다양한 일들이 있고, 그 해야 할 일들에 대한 각각의 전문성을 높이며, 교육 분야의 높은 성취를 이뤄내는 것도 결과물이라고 할 수 있다. 이건 교사로서의 결과물이 맞다. 고등학교에서는 학력평가나 수능 출제에 들어가는 선생님들도 계시고, 교과서를 쓰는 것을 목표로 삼거나, 선생님들의 선생님으로서 여러 가지 연수를 진행하시거나, 학교 현장에서 쓰일 만한 다양한 내용의 책들을 쓰거나 한다. 물론, 이 책은 그런(?) 책이 아니다. 어떤 일을 하든지 간에 다 손에 잡히는 결과물이 남는 일이다. 교사로서의 전문성이 높아지고, 자신이 하는 일에 대한 자부심을 갖게 되고, 자신의 일터에 긍정적인 영향을 미치는 좋은 결과물들이다. 하지만 모든 교사에게 의미 있는 일은 아닐 것이다. 이건 하고 싶은 사람이 큰 열정을 가지고 노력해서 역량을 갖춰야 이룰 수 있는 것들이다. 지금 내가 하는 것처럼 그저 생각나는 대로 글을 써재낀다고 되는 일이 아니다. 그래서 항상 노력하시는 선생님들이 만들어 놓은 결과물들을 보며 감사하는 마음을 가지고 잘 쓴다. 나도 언젠가 이런걸 해봐야지 하고 마음먹기보다는 "열정을 가진 선생님들 지치지 마시고 파이팅!"이라고 응원한다. 결국 이건 내가 이룰 수 있는 결과물이 아니다.

그런데 학생의 성적이든지, 입학한 대학이든지, 학생이 갖게 된 직업이든지 간에, 무엇이든 결과물로 생각하지 않으면, 결국 교사로서 남기는 결과물이 없다. 하지만 모든 선생님들이 좋아할 만한 남는 것들이 있다. 학생들과의 좋은 추억이 쌓인 물건이다. 당연히, 추억이 모두 좋은 것은 아니다. 그러나 교사 생활을 하면 좋은 추억들이 종종 남는다. 학생들이 주는 손편지가 될 수도 있고, 함께 웃으며 찍은 사진이 될 수도 있다. 어디 여행 갔다가 온 학생이 "이거 선생님 닮아서 사 왔어요" 하고 주는 선물일 수도 있다(받으면 부정 청탁 및 금품 등 수수의 금지에 관한 법률 위반이다). 다른 것도 있다. 교직 첫해 스승의 날, 내가 수업을 들어가는 반 학생들이 쓴 롤링 페이퍼를 그 반 담임선생님께서 주셨다. 나는 생각도 못 하고 있다가 받은 선물이어서 깜짝 놀랐다. 그 뒤로 내가 담임을 하게 되면, 가능한 한 우리 반에서 수업하시는 선생님들의 롤링 페이퍼를 만들어서 드리고 있다(고교학점제 때문에 3학년은 이제 못 해서 부담임선생님 것만 하게 된다). 물론 내 건 안 만든다. 종업식이나 졸업식을 앞두고 학생들과 함께 따로 만들기 때문인데, 착한 반장들은 항상 내 것도 같이 만들어 가지고 온다. 그리고 그동안 받은 것들을 차곡차곡 쌓아놨다가, 학년말인 2월에 한 번씩 되돌아보고 있다. 나는 이걸 추억 창고라고 부른다. 되돌아볼 때마다 매년 감사한 마음이 든다. 나는 준 것도 없고 한 것도 없는데, 감사하다는 그 글들이 마음에 새롭게 다가온다. 가장 좋아하는 말이 "선생님 같은 선생님은 만나 본 적이 없어요"인데(이런 글이 매년 꽤 있는데, 다른 선생님들은 어떻게 학교생활을 하시는지 정작 내가 잘 모른다), 욕이든 칭찬이든 참 좋다. '내가 학교의 다양성을 잘 지키고 있군!' 하고 생각하게 된다. 롤링 페이퍼도 결론적으로 내가 만든 결과물은 아니다. 그 내용은 학생들이 채워주니까, 내가 한 것은 아니다. 좋은 말만 쓰여 있는 와중에 ㅅㄱㅇ만 적는 녀석이 있으니까. 그래도 '이 정도는 항상 곁에 두고 보면서 마음 뿌듯해해도 되는 것 아닌가?' 하게 된다.

가르친다는 것의 결과 자체가 그렇다. 바로 눈에 띄는 것도 아니고, 남는 게 무엇인지 가르친 사람 혹은 배우는 사람이 스스로 찾아야 한다. 학원강사들이야 애당초 학생의 성적을 높이거나, 높은 성적을 유지시키는 게 목적이니 적어도 2개월마다 혹은 한 달에 한 번씩은 결과가 나온다.

학교는 '민주시민의 양성'을 목표로 하는 곳이다. 수많은 수식어가 붙어 있지만, 결국 '사회를 잘 만들어 나갈 인간'을 만들어 사회에 보내야 한다. 그 결과를 어떻게 알 수 있을까? 사회가 잘 굴러가는지 보면 된다. 사람들이 사회를 잘 만들어 가고 있으면, 학교가 성공한 것이다. 성공 여부는 각자가 보고 있는 모습에 따라 너무 다르겠지만, 그게 또 학교에서 만들어 낸 결과가 맞는지 어찌 알겠는가? 지금 사회가 잘 굴러간다고 생각하든지, 잘 굴러가지 않는다고 생각하든지 간에, 그게 학교 때문이라고 말하는 사람은 얼마 되지 않을 것이다. 이래저래 결국 교사는 손에 잡히는 결과물은 얻을 수가 없다. 그런데도 열심히 노력하는 선생님들을 보면 존경의 마음이 자연스럽게 생겨난다. '손에 잡히는 결과물이 없어도, 노력이란 걸 해보면 좋지 않을까' 하고 생각하게 된다. 역시 교사란 직업을 선택하길 잘했다. 주변에 선생님이 많기 때문이다.

안아주기

　교사로서 생활하다 보면, 인간적인 아픔을 느낄 때가 있다. 이유는 아주 간단한데, 마음 아파하는 학생들이 학교를 다니고 있기 때문이다. 아파하는 원인이 학업일 수도 있고, 진로일 수도 있고, 친구일 수도 있고, 부모님일 수도 있고, 사귀고 있는 친구 때문일 수도 있고, 나 때문일 때도 있다. 그때, 내가 가장 하고 싶은 행동은 안아주기다. 아파하는 학생을 인간적으로 대하고, 슬픔을 위로해주는 가장 좋은 방법은 안아주기라고 생각한다. 하지만 나는 안아주기를 할 수 없다. 어떤 상황에서건 "아이구 내 새끼!"하며 거침없이 학생들을 안아주는 선생님들도 많이 계시지만, 나는 유독 안아주기를 잘 못한다. 여러 가지 이유가 있겠지만, 안아주고 싶다는 생각이 들 때마다, '내가 안아준다고 해서 위로가 될까?' 하는 마음이 항상 바로 뒤따라오기 때문이다. 또 내가 안아주기를 하는 것이, 학생을 위로하는 행동이 아니라, '내 마음의 아픔을 덮으려는 행동은 아닐까' 하고 생각하기 때문이다. 마음 아픈 사람을 보면, 나도 덩달아 마음 아파진다. 하지만 어떻게 해야 위로가 되는지 잘 모르는 내가 있다. 교사로서 아주 치명적인 단점이라고 생각한다. 대학에 다닐 때 마음 아픈 학생을 위로하는 방법을 분명히 배웠을 텐데, 전혀 기억 나지 않는다. '이 정도면 어른 아닌가?' 하는 지금도, 나는 어른이 아니라고 생각하는 이유 중 하나가, 사람을 잘 위로하지 못하기 때문이다(아마도 나는, 《어른의 의무》라는 책의 첫 번째 조건도 할 수 없어서 아마 어른은 못 될 것 같다. 첫 번째 조건은 '화를 내지 않는다'이다. 그래서 두 번째, 세 번째 조건은 잊어버렸다). 우는 사람을 잘 울 수 있게 도와주는 게 위로하기 대회 1등이라는데, 난 우는 사람을 보면 "더 울어, 그래야 된대"라고 말하는, 아픈 사람을 위로하는 방법이 무엇인지 아직도 잘 모르는 사람이다.

    말보다는 행동이 더 큰 의미와 울림을 줄 때가 있다. 안아주기가 대체로 그런 행위라고 생각한다. 어떤 사람을 안아주고, 안겨 있는 것이, 상황마다 차이가 있겠지만 분명 마음에 안정감을 주는 행위다. 교사가 학생에게 안정감을 줘야 한다는 의미에서 안아주기는 꼭 해야 할 행동 중 하나겠지만, 나는 도무지 할 수가 없다. 상황에 따라 다르겠지만, 남교사가 울고 있는 여학생을 안고 있다면, 왠지 이런저런 해석이 난무할 것 같은 마음도 든다. 그렇다고 남학생이라고 마음대로 푹푹 안아대지는 않는다. 남자애들은 안아주는 걸

쑥스러워하기 때문이다. 안아주고 싶은 상황이라면 차라리 한 대 치면 쳤지, 안아주기는 하지 않는다. 어찌 되었든, 이런저런 생각이 든다는 것 자체가 안아주기라는 행동을 쉽게 할 수 없는 이유가 된다.

세상사, 하나의 원인으로 만들어진 일들은 거의 없지만, 생각보다 엄청 단순한 행동으로 해결되는 일들도 상당히 많다. 마음이 아플 때는 누군가가 안아주면 대부분 괜찮아진다. 내 자식이야 언제든지 내가 안아줄 수 있는데, 학생은 그럴 수가 없으니 조금 답답할 때도 꽤 많다.

얼마 전 〈인사이드 아웃 2〉를 보면서 안아주기에 대해 다시 생각해 보게 되었다. 〈인사이드 아웃〉에서 더 이상 자신을 되돌릴 수 없을 것 같을 때 엄마와 아빠가 라일리를 안아주었던 장면처럼, 〈인사이드 아웃 2〉에서도 안아준다는 것의 의미가 더욱 절절히 다가왔다. 기쁨과 슬픔이 교차했던 〈인사이드 아웃〉과 여러 감정이 휘몰아치던 것이 차분히 가라앉는 〈인사이드 아웃 2〉를 보면서 안아주기란 참 위대한 것이군 하고 생각했다. '내가 선생이 되려면 안아주기를 잘해야 되지 않을까?' 하고 생각했다. 아마 안 될 것 같다. 여전히 난 언제 안아줘야 하는지 모르겠다.

연기자

"교사는 어떤 역량을 가지고 있어야 하는가?"에 대해 나는 '연기자로서의 역량'을 꼭 가지고 있어야 한다고 본다. 교사는 연기를 한다. 혹은 연기를 해야 한다.

학생들과 지내다 보면, 혼내야 하는 상황들이 자주 있다. 나는 그런 상황을 접하면 순간 화부터 내는데, 아차 싶어서 잠시 멈추면 다행이지만 그렇게 못 할 때면 나중에 미안한 마음이 들고 사과를 하게 된다. 자주 그런 일이 반복되다 보니 복도에서 내 목소리만 들려도 싫다고 하는 학생도 있었다. 그래서 그 학생과 앞으로는 복도에서 소리치지 않겠다는 약속을 했다. 그 학생이 졸업하고 난 뒤에도 나는 웬만하면(…) 복도에서 소리치지 않는다. 화내는 것도 습관이었는지, 그 뒤로 웬만하면(…) 화를 잘 내지 않게 되었지만, 혼내야 하는 상황이 줄어든 것은 아니었다. 혼내야 해서 화가 난 것처럼 보여야 하는, 나로서는 상상도 할 수 없었던 상황이 닥치자 '적당히 연기를 해야겠군' 하고, 감정을 끌어올려(?) 혼내기 시작했다. 이런 순간만 있는 것은 아니다. 개인적으로 힘든 일이 있어도, 학생들 앞에서 수업할 때는 즐겁고 힘 있는 척 연기를 해야 한다. 기가 막히게 나의 힘듦을 알아채는 학생이 있으면, 나는 바로 연기를 그만두고, 뭐가 힘들었는지 하소연할 수 있는 일이면 하소연하는 편이다. 그러고 나면 속이 편해져서 진짜로 힘차게 수업할 때도 있고, 아니라면 마음이 조금이라도 나아져 수업할 만해진다.

또 다른 모습으로는, 수업을 잘하고 싶어서 연기를 한다. 연기자들은 자신의 억양과 감정, 행동, 동선이 관객들에게 어떻게 보일지 계산하고 해야 한다. 연기자는 걷다가 언제 멈춰 설 것인지, 팔은 들어서 어디에 멈춰 설 것인지, 손끝은 어떻게 둘 것인지, 어느 순간에 작게 말할 것인지, 눈물은 한 방울 흘릴 것인지, 주룩 흘릴 것인지 등등 모든 상황을 어떻게 할 것인지 고민하며 연기한다. 교사들도 수업할 때, 어떤 부분을 강조할 것인지, 수업 시간 중에 어떻게 돌아다닐 것인지, 밑줄을 그을 때 칠판(이제는 전자칠판)을 쾅 하고 칠 것인지 말 것인지(전자칠판은 못 친다) 생각한다. 나만 그런가? 이런 행동은 수업계획서에는 안 들어가지만 중요한 부분이라고 생각한다. 선생님들마다 차이가 있겠지만, 어느 정도 연기자에게 필요한 역량을 잘 갖추면 연극이나 영화를 보는 것처럼 수업에 대한 집중력을 높이며 설명을 잘 듣게(이해는 또 다른 문제니까) 할 수 있다. 유명 강사 중에 연기를 전공한 사람이 있는 게 전혀 놀랍지 않다. 오히려 집중력을 높일 수 있는 강의를 훨씬 더 계획적으로 짤 수 있는 게 아닐까?

보호자 앞에서도 마음에 있는 이야기나 감정보다는, 듣고 싶어 하는 이야기를 할 때가 있다. 내가 하고 싶은 이야기는 보호자가 듣고 싶어 하는 이야기와 다른데, 결국 그 이야기를 하려면 보호자의 마음을 내 편으로 만들어야 하니 연기를 해야 한다. '나는 당신의 편입니다. 당신이 하고자 하는 바를 잘 도와드릴 수 있습니다!'라고 연기하고는, 학생에게 필요한 말을 한다. 잘될 때도 있고 안 될 때가 있어서 문제지만, 연기를 해야 하는 중요한 순간들이 상담 중간중간에 있다.

다른 말로 바꿔 말하면, 교사는 마음속에 있는 말이나 생각보다는 학생에게 필요한 말과 필요한 행동을 해야 한다. 항상 계산된 모습만을 보여줄 수는 없겠지만, 내가 중요하다고 생각하는 것들에 대해서는 적어도 큰 틀에서 계획해야 한다. 교육과정으로는 보여줄 수 없는 것들을 보여줘야 하고, 살아가면서 필요한 태도와 가치라고 믿는 것들에 대해 의식적으로 안내해야 한다.

대학생 시절 동기들과 술자리에서, 과 선배에게 교육실습을 받던 동기가 "급훈을 학생들이 정하게 하는 것은 교육철학이 없는 교사라고 하더라"는 말을 들었을 때는 발끈해서 논쟁을 벌였지만, 지금의 나는 급훈을 교사가 정해야 한다고 믿는다. "학생들이 매일

보는 글귀가 있어야 하는가?"라는 말에 '모두가 함께하기 위한 좌우명이 있어야 한다'고 생각하기 때문이고, 그 글에 내가 교사로서 가진 가치가 포함되어야 한다는 것에도 동의하기 때문이다. 물론 사회적으로 올바른 말이어야 한다. 정치적 신념 같은 것이 급훈으로 걸려 있어서는 안 된다. 교사가 가진 가치를 표현하기 위한 방법이 꼭 급훈만 있는 것이 아니다. 평소에 교사가 하는 행동이 그 가치를 담아내야 진정성이 보인다. 그래서 교사가 가진 가치를 표현하는 연기를 해야 한다. 내 말과 행동이 내가 가르치고자 하는 교육적 가치와 일치하면 연기가 필요 없다. 대체로 그럴 것이다. 하지만 나처럼 비관적인 사람이 긍정적인 태도를 가르치려면 어쩔 수 없다. 연기를 해야 한다. 중간중간 새어 나오는 나의 생각과 표현보다, 가르쳐야 하는 것들이 몸과 말로 표현되어 나오게 해야 한다.

패러독스

　교사로서 좋은 역량과 열정을 가지고 있는 선생님들일수록 여러 학교에 강의나 연수를 다닌다. 그래서, 열정이 넘치는 교사일수록 정작 본인 학교에서는 자리를 자주 비운다.

회의

 어떤 학교는 회의가 참 많다. 어떤 학교는 회의가 참 없다. 여러 상황을 접하면서 학교는 회의가 필요한 것인지 고민해 보게 된다. 회의가 많은 학교도 학생들은 잘 졸업하고, 회의가 거의 없는 학교도 학생들은 잘 졸업한다. 회의란 것이 있어야만 하는 거라면, 없는 학교에서는 학생들이 잘 졸업하면 안 될 것이고, 있는 학교에서는 학생들이 잘 졸업해야 하는데, 차이가 없다. 도대체 회의는 왜 하는가?

 내가 느끼는 바로, 학교에서 하는 회의의 절반 정도는 교육청에서 감사가 나오니까 한다. 공무원들이 행정 처리를 절차에 따라 잘하고 있는지 확인하니까 절차에 맞게 하려고 회의를 한다. 학교에는 너무 많은 다양한 협의체(어차피 결정은 대부분 교장이 해야 하는 거라 협의다. 인사자문위원회라고 교사들이 무척 신경 쓰는 위원회도 '자문'이라서 결정권은 교장에게 있다. 결정권이 있는 위원회는 몇 개 없다)가 있다. 회의하는 협의체가 너무 많으니까 정리 좀 하라는 공문을 교육청으로부터 매년 받는데, 무슨 의미가 있나 싶다. 별 소용 없을 것이다. "한번 이렇게 줄여보세요!"라고 예시를 보내준 공문에서도 협의체가 너무 많다. 교육청도 행정업무 효율화와 정상화를 주장하지만, 정작 감사가 나와서는 "그래서 이건 회의하셨어요?"라고 물어보니까 답이 없다. 숫자만 줄이는 방식으로 협의체가 통합되었지, 정작 해야 할 회의는 다 그대로다. 공무원이니까 어쩔 수 없는 것은 잘 안다. 공무원은 절차에 따라 일해야 한다. 그리고 그 절차는 객관적이어야 하고 공정해야 하니 회의를 진행하는 것도 이해한다. 어차피 무슨 잘못이 벌어지면 교장이 책임질 테니까 교장 마음대로 정하라고 하기에는, 또 교사인 내가 마음이 찝찝한 걸 보면 어쩔 수 없는 것 같다. 회의를 해야 한다. 교원 업무 정상화의 길은 멀고도 멀다.

 때로는, 회의라는 이름을 빌려서 전달 사항을 전달한다. 학교도 전달 사항을 전달할 온라인 메신저가 있다. 요즘에는 공용문서(모두가 함께 편집할 수 있는 문서)를 활용하여 전달 사항을 전달하기도 한다. 기업에 따라 한참 전부터 공용문서를 사용하는 기업도 있고, 아직도 수기로 전달하는 기업이 있듯이, 학교도 공용문서는 전혀 쓰지 않는 학교도 있고, 대부분의 전달 사항을 공용문서로 해결하려는 학교도 있다. 메신저를 통해서 어떤 내용을 전달하면 나오는 말 중 하나가 "나는 못 받았는데?"라는 말이다. 나는 수신자 수신 여부 확인 체크란에 항상 체크해서 메시지를 보내고, 항상 메시지를 언제 읽으셨는지 확인한다(…별로인 거 나도 안다). "나는 못 받았는데?"라고 말하시는 분들은 거의 정해져 있어서(…), 특히나 그분들 위주로 확인하는데, 나중에 가서 수신 여부를 확인하면 확인했다고 뜬다. 그런다고 나중에 "선생님, 그때 보니까 언제 메시지 확인하셨더라구요"라고 말할 건 아니지만, 그냥 속으로 '난 잘못하지 않았군' 하려는 것이다. 여하튼, 학교의 분위기에 따라서 전달해야 할 사항들이 1주일간 쌓이면 '회의'라는 명목으로 전달 사항을 40분 전달하고, 10분 정도 "이렇게 하면 어때요?" 하고 이야기하게 된다. 대체로 회의가 많은 학교들은 전달 사항을 자주 대면으로 전달하기 때문에 그렇다고 본다. 그런 회의가 끝나고 나오면 항상 누군가가 "이럴 거 회의를 왜 하는 거야? 그냥 메신저로 해!"라는 소리가 들리는데, 어느 집단이나 그렇듯… 아까 이야기했던 "나는 못 받았는데?"라고 하신 분일 경우가 많다. 실은 그런 분들 때문에 대면 회의라는 명목하에 모아놓고 전달 사항을 전달한다. 그나마도 잘 안 오시는데, "내가 이래서 회의를 안 오잖아"라고 덧붙이는 경우도 많으시기 때문에, 나라도 조심해야지 하고 다짐한다.

말은 이렇게 해도, 나는 회의를 좋아한다. 사람들의 생각을 듣는 것도 좋아하지만, 내 생각을 말하는 걸 더 좋아한다(그러니까 이런 글도 쓰는 거겠지). 《어쩌다 한국인》을 쓰신 사회심리학자 허태균 교수님 말씀 중 하나를 기억나는 대로 설명해 보면, 우리나라 사람들은 다른 사람에게 내가 가진 정보를 설명하면 다 자신의 생각 대로 설득될 거라고 믿는다는데, 그 말을 듣고 아주 소름이 돋았다. 자기주장 강한 선생님들(나 포함)이 항상 말이 많은데, 그 이유를 진짜 잘 설명한다고 본다. 게다가 교사들은 모두 스스로를 합리적이라고 믿기 때문에, 자기 의견이 강한 교사 둘이 의견이 안 맞으면 회의가 안 끝난다. 그래서 대체로 내가 의견을 가지면 회의가 안 끝난다. 그래서 될 수 있으면 의견을 안 내고 싶은데, 끝까지 참아본 적은 한 번도 없다….

  회의 과정과는 상관없이 당장 결론을 내야 하는 일이면 대체로 다수결로 하거나, 교장선생님이 결단한다. 당장 결론을 내야 할 일이 아니라면, 뒤로 미룬다. 학교 평가회나, 교육과정 함께 만들기 기간에 논의하자고 한다. 급하지 않은 과제 뒤로 미루기는 교사나 학생이나 똑같다.

교육과정 함께 만들기

"행복한 가정은 모두 비슷하게 닮았지만, 불행한 가정은 저마다의 이유로 불행하다" – 안나 카레니나(톨스토이)

 조금 과장해서 이야기하면, 학교에서 교사들 사이 발생하는 문제의 대부분은 교육과정 함께 만들기 기간에 벌어지거나, 아니면 교육과정 함께 만들기 기간에 있었던 일이 원인이라고 본다. 워낙 많은 일들이 벌어지고, 나도 당사자였던 일이 꽤 있었다. 교직 경력이 쌓이면 쌓일수록, 나이테만큼 사건 사고가 쌓이는 주제가 아닐까 싶다. 신기한 점은 항상 다른 성향의 사람들과 다른 이유로 문제가 발생했던 것 같다. 문제가 없을 때는 누구나 비슷한 삶을 살아가지만, 문제가 생기는 원인, 문제 해결 과정과 결과에 따른 삶의 모습은 언제나 다르다. 게다가 교육과정 함께 만들기 기간에 벌어지는 문제들의 원인이 지극히 개인적인 것들도 많기 때문에 무엇이 원인인지 일일이 설명할 수 없다. 그래서 가능하지 않은 헛된 소설(…)로 시작해 볼까 한다. 한 번도 경험해 본 적은 없다. 아마 앞으로도 없을 거다.

소설

첫 만남, 전입교사와 기존 교사가 한자리에 만나서 인사를 나눈다. 수석교사의 주도로 가벼운 인사와 함께 서로를 알아갈 수 있는 아이스 브레이킹 타임을 갖는다. 간단한 자기 소개판 만들기, 다른 사람 소개 듣기, 사소한 공통점 찾기 등을 진행한다. 공통점이 제일 많은 교사가 1등이고, 수석교사가 준비한 소정의 상품을 받는다.

교감선생님의 학교 평가회 결과 간략히 소개하기 시간을 갖는다. 작년 성과(무엇인지는 학교 운영 목표에 따라 다르다)에 대한 평가, 미흡했다고 평가한 부분들에 대해 소개한다.

교장선생님의 올 한 해 학교 운영 방안에 대한 브리핑을 듣는다. 학교 운영 중점 목표(학교마다 다르다)에 대해 소개하고, 운영 목표 달성을 위한 중간 과제를 소개한다. 삭제하고 싶은 과제, 수정하고 싶은 과제, 추가하고 싶은 과제에 대해 교장선생님의 주도하에 토의한다.

교감선생님이 학교 평가회 결과에 따른 부서별 업무 분장과 부서별 중점과제를 소개한다. 각 부서를 운영지원팀, 학생지원팀으로 묶어서 팀별 협력과제에 대해 안내하고, 희망부서를 받는다. 인사자문위원들과 교장, 교감, 수석교사가 남아서 부서별 업무 분장의 초안을 만든다.

초안을 바탕으로 업무 분장 조율을 한다. 업무 내용을 변경할 수도 있고 담당 업무가 변경될 수도 있다. 대체로 수긍하고 넘어갈 수 있는 방향으로 업무분배를 했기 때문에, 팀별 협력과제를 어떻게 운영할 것인가가 주된 협의 내용이다.

학사일정에 대해 논의한다. 학사일정은 크게 두 가지 흐름으로 되어 있는데, 학교 행정운영과 학생 생활운영이다. 두 일정은 유기적으로 연결되어 있으나, 대체로 운영일정이 사전에 이루어진다. 모든 일정은 학교 운영 중점 목표를 달성하기 위한 중간 과제와 연결되게 학사일정을 협의한다. 학사일정에 대해 의견이 있을때는 각 부서의 장이 부서원의 의견을 듣고 대표 발의하고, 교감이 조율한다. 운영 과제와 상관없는 일정의 필요성에 대해 논의하고 삭제 여부를 결정한다.

학사일정을 바탕으로 교과별 협의회를 진행한다. 학사일정과 유기적 연계가 가능한 성취 기준에 대해 협의한다. 각 교과의 대표는 내용을 잘 정리하여 교과협의회에서 공유하고 학생 생활운영일정과 학교 운영 목표에 맞추어 교육과정 재구성을 어떻게 진행할 것인지 수석교사와 함께 협의한다.

최종 결과물을 공유한다. 교장선생님이 학교 운영 목표, 중간 과제, 학사일정, 교과별 교육과정 운영에 대해 설명한다. 이제 교장의 시간은 끝났다면서 선생님들의 노고 없이는 아무것도 할 수 없다는 교장선생님의 마무리 멘트를 듣는다. 교육과정 함께 만들기가 끝난다.

이 망상은 모두가 열심히 노력하는 말도 안 되는 상황(…)과 학교 구성원의 개인적 특성은 전혀 고려하지 않은 것이므로 불가능하다. 이런 상상이 가능하다면, 또 다른 소설도 가능할 것이다.

또 다른 소설

나는 큰 학교에 초임으로 발령받은 2년 차 교사다. 작년엔 아무것도 몰랐기 때문에 아무것도 안 하고(뭘 하려야 할 수도 없었지만) 시키는 대로 있었다. 올해는 인사자문위원 선생님 일곱 분 중 세 분과 친분이 쌓여 있으니 잘될 거라고 생각해 본다. 이미 작년 11월부터 어떤 선생님들이 부장으로 배정될지, 학교에 남아 계시는 분들 위주로 이야기가 오고 가고, 심지어는 올해 우리 학교로 올 것 같은 선생님은 어느 부장으로 보내면 좋겠다는 말까지 돌았다. 각 부서에 내정된 부장님들은 누구를 계원으로 데리고 일할 것인지 정해두었으며, 업무를 어떻게 배분할지 정해두었다고 들었다. 소문에 의하면 나는 업무가 어렵지 않은 꽤 괜찮은 자리인 것 같다. 작년에 업무와 관련된 안 좋은 일이 있었기 때문에 중요한 일은 맡기지 않을 것이다. 하지만 젊으니까 담임교사는 피할 수 없을 것 같다. 그래도 담임교사를 안 할 수 있다면 안 했으면 좋겠다. 요즘 애들은 담임교사 말을 안 들어도 너무 안 듣는다.

올해도 전입교사와 신입 교사가 들어왔다. 작년의 나처럼 전입·신입 교사만 인사한다. 사람이 많아서 다 소개할 수 없다는 게 이유다. 나도 이 학교에서 생활한 지 1년이 지났지만, 아직도 성함을 모르는 선생님이 있다. 큰 학교다 보니 교무실만 일곱 개나 되어서, 한 번도 안 들어가 본 교무실도 있다. 선생님 소개를 듣다 보니, 새로 전입 오신 어떤 선생님과는 한 마디도 안 하고 한 해가 갈 것 같다.

10장짜리 교육과정 함께 만들기 회의자료는 교무부장 내정자 선생님이 작년 자료에서 학사일정만 날짜를 바꿔서 복사해 주셨다. 어차피 하던 대로 하게 될 테니까, 다들 큰 반발 없이 넘어갈 것 같다고 생각했다. 그런데, 전입 오신 한 선생님께서 "내가 교육 경력이 33년밖에 안 돼서 모르겠는데!"라면서 뭐라고 말씀을 하신다. 뭔 소린지는 못 알아듣겠는데, 화가 많이 나신 것 같다. 앞에서 교무부장님으로 내정된 선생님이 쩔쩔매시는 게 안타깝다. 교장, 교감선생님도 그냥 가만히 계시는데, 뭔가 이유가 있겠지 하고 생각해 본다.

잠시의 소란이 지나고, 이제 업무 분장 희망원을 받는다. 나는 엄청 쉬운 일도, 어려운 일도 아닌 것 같은 자리를 두 개 썼다. 나이 드신 선생님들을 배려하여 마련된 자리인 환경 업무 같은 일을 내가 쓰는 건 민망하니까, 적당한 일을 찾아서 썼다. '나도 나이가 들면 배려받겠지' 하고 생각해 본다. 담임 희망도 모든 교사가 쓰라고 해서 어쩔 수 없이 학년별로 3순위까지 썼다. 그리고는 인사자문위원님들만 남고 다 내일 보자고 이야기한 뒤 첫째 날이 끝났다. 하루를 끝마치고 돌아가는 길에 옆자리 선생님에게 이야기해 보니, 옆자리 선생님은 담임 희망을 안 썼다고 한다. 다 쓰라고 해서 썼는데 안 써도 되는 거냐고 물어보니까, "선생님이 희망하셨잖아요"라고 말하고 담임 배정을 한다고 한다. 세상에나, 또 당했다. 쓰라고 해서 썼는데, 희망이라고 말할 거라고는 생각 못 했다. 내년에는 잊지 말고 기억해 두기로 한다.

  다음 날 아침 출근해 보니, 교무실이 시끄럽다. 어제 회의를 진행하시던 교무부장 내정자 선생님께서 올해 교무부장을 하지 않기로 했다는 말을 건너 건너 들었다. 어제 일이 영향을 준 거 같은데, 자세한 사정은 잘 모르겠다. 제일 중요한 부장님이 업무를 안 하겠다고 하니, 앞으로 어떻게 되는 건지 나는 알 수가 없다. 그래서 오전에 다시 인사자문위원회를 열어야 한다고, 오전 일정은 취소되었으니 점심 먹고 모이자고 교감선생님이 방송으로 말씀하신다. 나도 자리에 좀 앉아 있다가 점심을 먹고, 오후 일정이 시작되기 전에 들어오기로 했다. 옆자리 선생님과 점심 식사를 하면서, 어제 인사자문위원회 회의가 엄청 길어졌고, 부장 배정을 어떻게 할 건지도 확정이 안 난 상태에서 회의가 끝났다고 한다. 선생님은 어떻게 그런 걸 아시냐고 물어봤는데, 건너서 들은 거라고 말해주시고 자세하게는 설명해 주지 않는다. 연차가 쌓이면 자연스럽게 알게 되는 게 있나 보다.

오후에 시작하기로 한 교육과정 함께 만들기는 소란스럽게 시작했다. 새로 오신 선생님 중에서 한 분이 회의를 진행하게 되셨는데, 전에 계시던 학교에서 교무부장을 하시던 분이라고 한다. 그래도 교무부장을 해보셨다고 하니 좋은 분일 거라고 생각해 본다. 회의를 진행하지만, 선생님들은 계속 곳곳에서 웅성웅성 소리를 내고 각자의 이야기를 하신다. 다들 앞에서 하는 이야기에 집중하지 못하고 있다. 학교에서 진행하는 행사들에 대해 소개하는 자린데, 새로 오신 분이기 때문에, 그저 자료에 있는 글을 읽고 끝났다. 내일 업무 분장을 발표하겠다는 말을 듣고 둘째 날도 끝났다.

다음 날 아침 출근하고 자리에 앉아 있는데, 인사자문위원님들 중 나랑 친분이 있는 선생님이 나를 교감실로 불렀다. 교감실에 들어가니 인사자문위원님들이 심각한 얼굴로 자리에 앉아 있고, 나는 들어간 자리에 바로 서 있게 되었다. 자리에 앉아 계신 분 중 가장 나이 많으신 선생님이 나에게, 올해 힘든 업무를 담당해 줘야 할 것 같다고 말씀해 주신다. 내가 그 업무는 업무희망원에 적지 않았다고 말하자, 희망원은 희망원이고 학교 사정에 따라서 업무가 배정되니 이해해 달라고 한다. 어떤 일인지 모르고, 전에 업무를 담당하시던 선생님이 전출을 가시기 때문에 물어볼 사람도 없는 것 같다고 하니까, 일은 천천히 배우면 되니까 너무 걱정하지 말라고 한다. 힘든 일이고, 전임자도 담임 배정을 받지 않았으니 업무에 잘 집중하라고 말씀하신다. 어떻게 해야 할지 모르겠는 와중에, 교감선생님께서 그럼 그렇게 확정된 걸로 알고 선생님은 돌아가셔도 좋다고 하셔서 자리로 돌아왔다. 무슨 일인지 감이 안 잡히는 와중에 다시 교육과정 함께 만들기가 시작되었다. 업무 분장이 완료된 것은 아니라고 하시면서, 각 부장님들에 대한 소개가 시작되었다. 각 부장님께서 차례대로 인사하시면서 몇몇 선생님들과 눈길을 주고받는다. 내가 속하게 된 부서 부장님도 나를 한번 쳐다보셨다. 그런데 표정이 별로 좋지 않으시다. 무슨 일인지는 알 수 없어서 마음 한구석이 불편하다. 담임 배정은 아직 완료가 안 되어서 학년 부장님들만 소개가 되었고, 형식적인 학사일정 안내와 교육과정 설명이 있었다. 담임 배정은 점심 먹고 나서 다시 안내해 드리겠다고 한다.

   나는 옆자리 선생님과 점심을 먹으며, 이런저런 이야기를 했다. 올해부터는 서로 다른 부서에서 근무하게 되어, 앞으로 잘 지내시라고 이야기하고 교무실로 들어가는 와중에, "올 한 해 잘 견뎌보세요"라고 안부 인사를 하신다. 힘든 일이니까 잘 버텨보겠다고 말하고 교무실로 들어가는데, 교감선생님이 교감실로 들어오라고 말씀하신다.

　교감실에 들어가니 인사자문위원님들이 다시 심각한 얼굴로 자리에 앉아계시고, 나도 다시 멀뚱멀뚱 자리에 서 있었다. 교감선생님께서 담임교사를 배정하는데 한 자리가 문제라고 말씀하신다. 비어 있다는 담임 자리를 보았는데, 힘든 아이들이 많이 배정되어 있는 걸로 알려진 반이었다. 반 배정을 할 때부터 안 좋은 이야기가 나왔고, 담임을 배정할 때 경력 있고 아이들을 잘 다루는 선생님이 배정받을 걸 약속하고 반 배정이 끝났던 일이 있었다. 그래서 나도 그 반이 속해 있는 학년을 3순위로 적어냈다. 속으로 무슨 말을 먼저 해야 하나 고민하고 있는데, 나이 많으신 선생님이 말씀하기 시작하셨다. 담임교사로 필요한 사람 숫자보다 담임교사로 자원한 사람이 적다고 했다. 나는 담임교사로 자원(?)했지만, 업무가 어려워서 담임교사를 제외해 주려고 했는데, 사람이 없다 보니 담임 배정을 하고 남는 자리에 넣어야 하는 상황이라고 했다. 여기서 다시 담임을 바꿔야 하면 도저히 논의가 되지 않는다며, 나의 양해를 구하려고 특별히 불렀다고 했다. 어디서부터 말을 해야 할지 모르겠다고 생각하는 와중에 교감선생님이, 시간이 없으니 이제 정리해야 한다고 말씀하시면서 나에게 도저히 할 수 없겠으면 지금 말하라고 하셨다. "알겠습니다" 하고 대답했는데 그럼 이렇게 마무리 하자며 모두들 자리를 떠났다. 나도 휩쓸려 교감실을 나왔는데, 뭐가 어떻게 된 거지 하고 생각할 겨를도 없이 모두가 모인 자리에서 담임교사 배정 발표가 났다. 나는 아까 비어 있던 그 반 담임으로 배정되었다. 부담임교사는 개학 전에 공지하겠다며, 교과 대표들은 시수 배정표를 교시계에게 제출하고 개학 때 뵙겠다는 마무리 멘트와 함께 교육과정 함께 만들기가 끝났다.

  이 정도의 일은 교사가 경험할 수 있는 일 중에서 큰일은 아니다. 불행의 모습은 원래 평범한 사람은 쉽게 상상할 수 없으니까. 이야기 중에 쓰인 중간에 그만둔 교무부장 내정자 선생님의 이야기가 더 불행할 수도 있고, 친분이 있다던 인사자문위원 선생님의 이야기가 불행할 수도 있고, 옆자리 선생님의 이야기가 더 불행할 수도 있다. 이게 무슨 불행이냐며 가소로워할 만한 더 불행한 일을 겪는 선생님이 많을 것이다.
  이런(?) 일이 벌어진 사람에게 앞으로 어떤 일이 벌어지게 될지는 또 다른 상상이 필요하다. 학교를 그만두기로 마음먹을 수도 있고, 글에는 하나도 쓰여 있지 않은 예상치 못한 학부모의 민원이 넘쳐날 수도 있고, 천천히 기다려 주기로 해놓고는 일을 왜 그렇게 못하냐며 첫날부터 혼날 수도 있고, 제일 힘들 거라고 예상했던 학생에게 의외의 위로를 받을 수도 있다. 소설은 그런 거니까.

수학여행

학교에서 진행하는 행사 몇 가지 중에서, 교사로서 가장 번거롭고 힘든 행사가 아마 수학여행 아닐까 한다. 대부분의 행사는 대체로 하루 안에 끝나는 반면에, 수학여행은 보통 3박 4일 일정으로 진행되기 때문이다. 준비 기간도 꽤 길고, 어떤 준비 과정을 선택할 것(대규모, 중규모, 소규모, 업체 위탁, 직접 계약 등등)인가부터 논쟁의 대상이 되는 큰 행사다.

나는 수학여행이 없어지는 것 아닌가 하고 생각했었다. 세월호 사고(아침 9시 5분, 제주도 수학여행 둘째 날 첫 번째 코스로 가는 버스 안에서 기사님이 틀어주시는 뉴스를 보고, 받은 충격이 컸다. 그 수학여행을 진행하는 와중에도 터무니없는 에피소드가 있었고 아마 평생 잊지 못할 것 같다) 이후, 사람들이 나누는 이야기들을 들으면서 '앞으로 수학여행이 없어지겠구나' 하고 생각했다. 그리고, 코로나 확산으로 학교가 정상적인 일정을 소화해 낼 수가 없을 때, '이제는 진짜로 수학여행이 없어지겠구나' 하고 생각했는데 여전히 잘 진행되고 있다.

　교직 경력치고는 수학여행을 꽤 많이 갔다고 생각하는데, 이유는 나보다 교직 경력이 오래된 선생님들 중에서 수학여행을 한 번도 안 가보신 선생님들이 종종 있기 때문이다. 수학여행을 가는 학년이 학교마다 다르다 보니, 상황에 따라서 수학여행을 가는 학년을 이상하리만큼 담당하지 않게 되는 경우도 있다. 억지로 수학여행을 피하려고 하는 선생님은 본 적이 없다.

　수학여행은 왜 생겨난 건지 기원을 찾아본 적은 없지만, 추측해 보건대 여행을 가는 것이 큰 결심이 필요하던 시절에 학생들에게 추억을 남겨주기 위한 것일 수도 있고, 전통적으로 하던 행사가 남아 있어서 그럴 수도 있을 것이다. 기원이 어찌 되었든 간에, 현재 수학여행이 필요한 것 같은지 몇몇 선생님들께 여쭤보면, 이제 수학여행은 없어져도 되는 것 아니냐는 분들도 꽤 있다. 가정형편이 어려워, 살면서 여행을 한 번도 가지 못하는 정도는 거의 없고, 오히려 방학 기간에 해외여행을 다니는 학생들도 많아지고 있는데, 학교에서 굳이 단체로 여행을 갈 필요가 있냐는 의견이었다. 학교마다 어떤 방식으로 수학여행을 운영할 것인가에 대해, 학교별로 많은 차이가 있지만, 결국 국내 유명 관광지를 관광하는 선에서 결정되는 경우가 많고, 몇몇 학생은 그 여행지에 너무 자주 가서 학교에서 가는 건 안 가겠다고 하는 일도 종종 있는 것을 보면 이제 수학여행은 안 가도 되는 것처럼 느껴지기도 한다.

  나한테 교직 생활 하면서 가장 힘들었던 업무가 뭐냐고 물어보면 너무 개인적인 것이라 말하기 어렵지만, 두 번째로 힘들었던 업무가 뭐냐고 물어보면 수학여행이라고 답할 수 있다. 수학여행은 보통 담당 학년 부장이 업무를 총괄하기 때문에 수학여행 업무에 대해 담임교사들이 가져야 할 부담은 학생과 3박 4일을 붙어 있어야 한다는 정도다. 그러니, 진짜 부담이 크다. 자신의 고등학교 수학여행 때 무슨 일이 있었는지 잠시 쉬어 꼭 생각해 보시길 권한다. 본인의 일이나 혹은 당시에 있었던 일을 생각해 보자. 그걸 교사 입장에서 다시 생각해 보자. 게다가, 내가 너무 이것저것 쓸데없이 신경 쓰는 사람이다 보니, 3박 4일 동안 잠을 거의 못 잔다. 장소를 옮기는 버스 안에서 쪽잠은 마지막 날에나 가능한데, 그것도 애들이 마지막 날이 되어서야 조용해지기 때문이다. 학생들도 3박 4일간 거의 잠을 안 자는데, 젊어서 그런 건지 몇몇 애들을 제외하곤 거의 쌩쌩하다. 장소를 이동할 때 항상 시간을 못 맞추는 학생들이 있다. 제주도로 수학여행을 가면 항상 만장굴을 가는데, 나는 만장굴 관람코스 마지막 종유석을 걸어가서 본 적이 없다. 집합 시간 5분 전인데도(주차장까지 멀어서 그 전에 나와야 한다고 항상 이야기한다) 동굴을 안 나오는 학생들이 있어서 항상 뛰어 들어가곤 했다. 올 때는 마지막 학생과 오기 때문에 걸어오지만. 지금 생각해 보니 그냥 가장 먼저 들어가서 시간 맞춰 나오는 게 편한 것 같다(멍

청하면 몸이 고생한다…ㅠㅠ). 여하튼 이런 성격이다 보니, 수학여행과 관련된 너무 많은 에피소드들이 있다. 연애하는 학생들의 인생 사진을 찍어준 경험은 덤이다. 학생들은 평생 수학여행을 세 번 정도 가지만, 나는 앞으로도 가게 될 테니 추억이 얼마나 많이 쌓이겠는가? 사소한 고백을 해보자면, 태어나서 처음으로 비행기를 타본 것도 교사가 되고 나서 수학여행을 제주도로 가본 덕분이었다. 나 같은 학생들도 있을 테니, 꼭 수학여행이 없어져야 하는 것은 아닌 것 같다.

  삶에 남아 있는 학창 시절 추억들을 되돌아보면 학교에서 보내는 수많은 시간보다, 수학여행 같은 특별한 일들이 기억에 남는다. 여행지에서 만난 신기한 지형들, 박물관, 먹거리, 밤시간의 추억들이 남는다. 선생님들을 피해 이리저리 숨어다니며 술을 사 먹으려고 애썼던 추억이나, 결국 걸려서 크게 혼나던 기억이나, 같은 곳에 온 다른 지역 학생들과 사소한 부딪힘이 있었는데 크게 싸운 일이나, 너무 맛이 없었던 음식점에서 "분명 선생들이 해 처먹어서 우리 게 없는 걸 거야" 하고 뒷담 까던 일이나, 밤 장기 자랑 시간에 있었던 웃긴 이야기 들이 남아서 즐거운 학창 시절을 만든다. 수학여행뿐만 아니라 학교에서 진행하는 행사들이 다 그렇다. 제일 많은 시간을 보낸 수업은 기억에 잘 안 남고, 행사들이 기억에 남는다. 그래서 나는 교사로서는 수학여행이 너무 싫지만, 학생들을 위해서는 꼭 수학여행이 남아 있었으면 좋겠다. 함께, 추억을 공유하는 경험을 남기고 졸업했으면 좋겠다.

  하지만 개인적인 사회가 되고 있어서인지, 점점 수학여행을 꺼리는 학생들이 늘고 있다. 수학여행뿐만 아니라, 학교에서 진행하는 모든 행사가 그렇다. 체육대회도 안 한다고 하고, 소풍도 안 간다고 하고, 심지어는 졸업앨범을 안 찍겠다고 하는 경우도 있다. 어쩌다 이렇게 되어버린 건지 모르겠다. 안 하겠다고 말하는 학생들과 이야기를 하다 보면 '힘들고 쓸데없는 일'이라서 그렇다고 한다. 나로서는 안타깝다. 특히 쓸데없는 일이라고 말하는 부분이 안타깝다. 세상에 쓸데없는 일이 없어서 안타까운 게 아니라, 사람 사는 데 경험하는 일들은 쓸데가 있는지 없는지, 죽을 때까지도 잘 판단이 안 서는 것인데 섣불리 판단하는 게 안타깝다. 개인적으로는 쓸데없다고 하는 일들도 꽤 하는 편인데, 쓸데가 없으니까 삶의 공백이 만들어지고, 왠지 내가 여유가 있는 사람처럼 느껴져서(쓸데없음의 쓸모!) 그렇게 한다. 실은 그냥 아무거나 막 하다 보니 쓸데없는 일도 하게 된다. 어쨌거나, 점점 학교행사에 참여하지 않으려는 학생들이 늘고 있는 현실이 안타깝다. 함께 추억을 만드는 일은 점점 더 힘들어지고, 나도 학생들의 기억에서 점점 없어질 거라고 생각하면 마음 한구석이 아프다. 어차피 없어질 추억이라지만, 잠시라도 함께하는 것조차 허락되지 않으니 마음이 아프다.

공동체

"교육은 홍익인간의 이념 아래 모든 국민으로 하여금 인격을 도야하고 자주적 생활능력과 민주시민으로서 필요한 자질을 갖추게 함으로써 인간다운 삶을 영위하게 하고 민주국가의 발전과 인류공영의 이상을 실현하는 데 이바지하게 함을 목적으로 한다" - 〈교육기본법 제2조(교육이념)〉

학교에서 모든 교사가 동일하게 가르쳐야 하는 게 있다면 무엇일까? 학교의 목표를 잘 달성할 수 있는 것을 공통적으로 가르쳐야 할 것이다. 학교의 목표는 교육법과 교육과정에 잘 적혀 있다. 학교는 위에 적힌 교육이념이라는 목표를 달성하기 위해 만들어진 기관이다. 사람마다, 혹은 교사마다 어느 부분에 방점을 찍을 것인가는 다들 다를 것이다. 누군가는 홍익인간에, 누군가는 자주

적 생활 능력에, 누군가는 민주시민에, 누군가는 인간다운 삶에, 누군가는 민주국가에, 누군가는 인류 공영의 이상에 방점을 찍을 것이다. 좋은 말을 이것저것 주워 담아놓은 것이 아니라, 모든 단어 하나하나가 중요하기 때문에 교육이념에 넣어둔 것이다. 나는 민주시민이 모든 단어를 포괄하는 단어라고 생각하기 때문에, 민주시민에 방점을 찍는다. 그리고 나는, 내가 무엇을 목표로 해야 하는지 교육기본법의 교육이념 부분을 가끔씩 다시 읽어보고는 한다.

2022 개정 교육과정에서는 추구하는 인간상으로,

가. 전인적 성장을 바탕으로 자아정체성을 확립하고 자신의 진로와 삶을 스스로 개척하는 자기주도적인 사람

나. 폭넓은 기초 능력을 바탕으로 진취적 발상과 도전을 통해 새로운 가치를 창출하는 창의적인 사람

다. 문화적 소양과 다원적 가치에 대한 이해를 바탕으로 인류 문화를 향유하고 발전시키는 교양 있는 사람

라. 공동체 의식을 바탕으로 다양성을 이해하고 서로 존중하며 세계와 소통하는 민주시민으로서 배려와 나눔, 협력을 실천하는 더불어 사는 사람

을 제시하고 있다.

앞에 쓰여 있는 말들이 뒷말을 꾸며주는 수식어임을 생각하면 결론적으로 학교는 자기주도적인 사람, 창의적인 사람, 교양 있

는 사람, 더불어 사는 사람을 키우는 것이 목표라고 할 수 있다. 교육과정이 크게 변할 때마다 추구하는 인간상에 대한 서술은 조금씩 바뀐다. 그러나 추구하는 인간상의 내용이 크게 바뀌지는 않는다. 학교가 양성해야 하는 사람의 모습은 교육과정이 바뀌어도 비슷하다고 할 수 있다. 학교는 추구하는 인간상을 목표로 운영하지만, 이것이 추구하는 인간상 그대로 사람이 만들어진다는 소리는 아니다. 같은 말을 들어도 다르게 생각하는 게 사람이다 보니, 학교를 나온다고 해서 모두가 같은 인간이 되는 것은 아니다. 오히려 학교를 졸업하고 나오는 사람들의 다양성이 크면 클수록 사회는 서로에게 더 의지하고, 사회는 풍요로워지고 삶은 더 나아질 것이다. 추구하는 인간상을 돌아보더라도, 지식과 관련된 것은 교양 있는 사람뿐이고 나머지는 삶을 살아가는 방식이다. 그나마 교양 있는 사람도 삶을 살아가는 태도에 가깝다고 할 수 있다. 학교는 지식을 때려 넣는 곳이 아니라, 삶의 태도와 관점을 가르치는 곳이어야 한다. 우리는 그런 제도를 갖고 있는가?

고등학교 대부분의 평가는 상대평가다. 절대평가인 것처럼 눈속임하는 것이 추가되었지만, 결국 상대평가를 하게 된다. 상대평가의 가장 기본은 비교다. 우리나라 고등학교 학생 평가제도는 남들과의 비교가 핵심 요소다. 내가 얼마나 잘하고 있는가가 중요한 게 아니라, 남들에 비해서 잘하는 게 중요하다. 같은 학교 내에서도 비교하고, 전국 단위로도 비교한다. 상대평가의 최대 장점은 선별이 쉽다는 것이다. 그러니까, 우리는 사람이 가장 소중한 자원이라고 이야기하는 나라에서(이 표현을 진짜 싫어한다), 사람을 최대한 쉽게 선별하는 방법으로 학교를 운영하고 있다. 진짜 논리적으로 맞지 않다고 생각한다. 사람이 중요한 자원이면, 그 사람을 어떻게 써야 하는지(이 표현도 진짜 싫다) 차분히 잘 살펴보는 단계를 거쳐야지, "응. 넌 탈락"이라고 말하기 유리한 제도를 쓰는 게 맞는가? 그렇게 운영하면 위에서 설명한 사람을 키워낼 수 있는 걸까? 난 이 평가 방법으로 키워낼 수 있는 인간은 지극히 개인적인 인간이라고 본다. 게다가, 남들과 비교를 통해 얻을 수 있는 것은 우월감과 좌절감뿐이다. 우리가 가진 교육제도는, 특히 평가는 누군가가 우월감을 느끼거나, 누군가가 좌절감을 느끼는 제도를 만들어 운영하고 있다. 나는 그런 경험을 가진 사람들이 사회에 지속적으로 '공급'되고 있다고 본다.

우리 사회가 자신이 본 수능으로 모든 것을 판단해 버리려고 하는 문화가 만들어지고 있는 것도, 사회를 이끌어 나가는 30~50대 공통 경험이 수능 말고는 많지 않기 때문이라고 본다. 앞으로 우리 사회 구성원이 공통적으로 경험할 것도 수능 정도뿐이다. 실제로, 바칼로레아(논술형 대입 자격시험)를 운영하는 프랑스에서도 어떤 주제가 나왔느냐에 따라 사람들이 토론을 하기도 한다고 하니, 우리도 수능이 비슷한 역할을 하는 것이다. 수능은 상대적 위치를 평가하는 시험이고, 이는 곧 비교와 이어지며 학생 자신의 목표와 목표

달성 여부에 따른 우월감과 좌절감이 남는다. 결국 나는 크게 두 부류의 사람, 우월감을 느끼는 개인적인 사람이나, 좌절감을 느끼는 개인적인 사람이 사회에 진출하고 있다고 본다. 그렇게 되면 나타나는 문제들이 무엇인지는 내가 전문 학자가 아니니 설명하기 어렵겠지만, 학교에서는 개인적인 인간이 많아져서 나타나는 문제가 점점 심각해지고 있다고 느낀다. 뉴스를 볼 때도 마찬가지로 문제가 점점 심각해지고 있다고 느낀다. 우리는 '우리'를 잃어가고 있다. 학교에서도 '우리'를 잃어가고 있다.

"학교에서 모든 교사가 동일하게 가르쳐야 하는 게 있다면 무엇일까?"라는 질문을 해야 한다. 그것이 우리가 '우리'로서 존재할 수 있게 한다. 각자의 개성을 찾아 나아가는 것만큼, 학교에서 우리가 갖고 있어야 할 공통 가치를 가르칠 때, 모두가 함께 가지고 있는 것을 알고 있을 때, 함께 살아갈 수 있다.

우리는 그동안 당연히 '우리'가 되는 것으로 생각해 왔다. 공동체가 가지고 있는 핵심 가치들에 대해서 학교가 가르칠 이유가 없었다. 하지만 나는, 지금 우리 사회의 모습을 보았을 때, 함께 공유하는 가치가 없어지고 있다고 본다. 학교는 지극히 개인적인 인간을 키워내는 교육을 유지해 왔고, 이미 너무 멀리 왔다. 집에서 공동체의 소중함을 배우고 나서 학교로 넘어왔을 때는 문제가 크지 않았지만, 이제 공동체의 소중함을 이야기하는 곳은 종교단체 정도뿐이다. '우리' 나라, '우리' 집, '우리' 가족, '우리' 친구라고 말하던 '우리'는 이제 학교에서는 찾아보기 어렵다. 결국엔 '내'가 잘되는 것이 중요하고, 나머지는 경쟁자일 뿐이다. 학교에서 옆자리에 앉아 있는 사람들은 나를 밟고 올라설 사람이거나, 내가 밟고 올라서야 할 사람이다. 내가 어떤 기준을 삼고 그것보다 잘해야지 하는 것은 의미가 없고, 옆 사람보다 더 잘해야 한다. 상대보다 더 잘해야 하는 경쟁에서 살아남아야 '내'가 원하는 것을 얻을 수 있다고 믿기 때문이다. 고등학교에서 학생들이 원해야 하는 것은 '좋은 성적'과 '좋은 생기부'가 되어버렸고, 그런 것을 원치 않는 학생은 학교에 머물 곳이 없어졌다. '좋은 성적'을 얻기 위해서는 다른 학생보다 위에 있어야 한다. 이건 고교학점제가 들어와도 변한 것이 없다. 아마 앞으로도 변하지 않을 것이다. 사회가 이미 너무 멀리 가버렸기 때문이다. 지금 고등학교 학생의 보호자분들이 그런 제도 하에서 성장하신 분들이기 때문이다. 공정이라는 단어의 이면에 비교가 묻어 있는 삶을 살아버렸기 때문이다. 평가에서 '비교'라는 단어를 '기준으로 확인하기'로 바꿀 수 있는 학생 평가제도로 변화하려면, 사회가 그런 변화를 받아들여 줘야 하는데, 쉽지 않을 것이다. 고교학점제를 도입하며 '기준으로 평가하기'를 시도해 보려고 했지만, 실패한 것을 보면 학교도, 사회도 준비가 되지 않았다. 기준으로 평가하는 것은 공정하지 않다고 보고 있다는 것이 밝혀진 것이다. 결국 '내'가 성공하려면 남과의 비교가 공정하다고 믿는다.

그럼에도 불구하고, 학교는 '우리'에 대해서 가르쳐야 한다. 학교는 더불어 사는 사람을 만들기 위해 노력해야 한다. 사회가 굴러가는 근본적인 힘에는 '함께하기'가 존재한다. 세계에서 제일 성공한 사람(누군지는 각자 다를 것이다. 그래야 건강한 사회라고 할 수 있다)도 '함께하기'가 없었다면 아무것도 이룰 수 없다. '나'는 병을 고칠 수 없다. '나'는 기계를 만들지 못한다. '나'는 농사도 짓지 못한다. '나'는 못하는 것투성이다. 그럼에도 불구하고 삶을 살아가고, 미래를 꿈꿀 수 있는 근본적인 힘의 원천에는 '함께하기'가 밑바탕에 깔려 있다. 함께하기 위해서, 필요한 것들에 대해 잘 배워야 한다. 그렇다면 학교에서는 함께하기에 필요한 것들을 잘 가르쳐야 한다. 그래서 모든 교사가 '함께하기'에 필요한 것들을 가르쳐야 한다. 학교에서 학생을 만나고 함께하는 교사가 '함께하기' 위한 태도가 무엇인지 보여줘야 한다. 그 태도가 무엇이 되어야 하는지는 사회가 합의해서 학교로 보내줘야 한다. 아마… 안 될 것 같다.

고통, 고난, 역경, 인내 그리고 야자

학교에서 없어지고 있는 단어다. 원래 대부분의 사람은 고통, 고난, 역경, 인내, 그리고 야자를 원치 않는다. 몇몇 사람들만 하려고 시도하고 피할 수 있으면 피하고 싶은 단어다. 당연하게도 편하고 쉽게 가는 게 기분이 좋다. 고통만 찾아가는 이상한 사람이 아니라면 고통, 고난, 역경, 인내 없이 잘되고 싶은 것은 누구나 그렇다. 학교에서 경험할 수 있는 다양한 것들 중에서 '수련회'라는 게 있었는데, 이제는 하지 않는다. 아주 오래전 시행되었던 수련회를 지금 진행한다면, 학교는 아마 아동학대로 신고당할 것이다. '극기 훈련'은 생각도 할 수 없다. 그런 미개한 짓을 하던 시절이 있었단 말인가(…)? 솔직히 극기 훈련은 말이 나를 넘어서는 훈련이지, 장애물 넘기 하다가 온통 흙투성이가 되는 거니까, 대부분 좋아하지 않았다. 정말 '극기'한다고 느끼는 학생들만 좋아했을 뿐이다.

고통, 고난, 역경, 인내, 그리고 야자(자율학습이든지, 자기주도학습이든지)가 없어지면서 같이 없어지려고 하는 게 노력이라는 단어다(설마 이것도 없어지진 않겠지…). 나는 학생들을 가르칠 때, 자기가 잘하는 것을 더 잘하게 되는 게 좋은 거라고 가르친다. 잘하는 것을 잘하면 잘할수록 자본주의는 너에게 돈을 쥐여줄 것이라고 말한다. 하다못해 유튜브를 통해서 사람들의 시간을 잡아둘 만큼 무언가를 잘하면, 광고가 따라붙어서 너에게 돈을 쥐여줄 것이라고 말한다. 잘하는 것을 더 잘하게 되는 게 어떤 과정이 필요한 것인지는 말하지 않는다. 그건 고통, 고난, 역경, 인내가 동반된 노력의 과정이기 때문이다. 만약 그런 단어를 꺼내게 되면 학생들은 더 들을 필요가 없다는 표정을 지어버린다. '너도 똑같은 꼰대구만!'이라는 눈빛을 보내기 때문이다. 나는 '노력'해야 한다고 말했는데 학생들이 듣기에는 '노오오오오오력'하라고 들린다니 나도 할 말이 없다.

  학자들 사이에서도, 사람들 사이에서도 '성공'이라는 것은 '노력'에 비례하지 않다고 결론을 내고 있고, 오히려 '운'이 중요한 요소라고 말하고 있는데, 굳이 고통과 역경을 경험할 필요가 없는 게 당연하다. '운칠기삼'인 줄 알았는데 알고 보니 '기삼'도 넉넉하게 쳐준 거라는 생각이 들게 만드니 인내할 필요도 없는 것이다.

  이런 단어들이 없어지고 있는 이유는 조금 뜬금없지만 '성공'에 대해 사람들이 집착하고 있어서인 것 같다. '성공'을 사람들이 찾고 있는데, 여러 가지 길이 있고, 그 길 중에서 고통·고난·역경·인

내가 없는 길이 있을 거라고 믿고 있기 때문(로또 만세!)이라고 본다. 삶의 형태가 다르니 성공한 삶이란 무엇인지도 사람마다 달라야 겠지만, 성공한 삶을 그려보라고 하면 사람마다 다르지 않을 것 같다. 왠지 좋은(이라 쓰고 비싼) 집이 있을 것 같고, 좋은(이라 쓰고 돈 많이 버는) 직업을 가지고 있을 것 같고, 좋은(이라 쓰고 사건, 사고가 없는) 가정을 이루고 살 것 같다. 가끔 하는 생각인데 삶은 성공해야 하는 것인지, 아직 잘 모르겠다. 사람이 삶을 살아가는 게 자연스러운 일이지(그러니 제발 중간에 그만두지 말자), 성공하는 것이 자연스러운 일 같지는 않기 때문이다. 사람들도, 노력하는 모든 사람이 성공하는 것은 아니지만, 성공한 사람 중에 노력하지 않은 사람이 없다고 하는데, 이것도 결국 성공을 목표로 잡기 때문에 나온 말이다. 그냥 삶을 살아가기는 없는 건가? 삶을 산다는 게 생각보다 별 거 아니다. 과거가 어찌 되었든 지금의 내가 있고, 그걸 바탕으로 무언가 하면 된다. 덧붙이자면 내 생각에는 삶을 사는 것 자체가 성공이다.

  삶을 살아가는 데 있어서 고통, 고난, 역경, 인내는 피할 수 없는 것이다. 만약 피할 수 있다면 부처님이거나, 아주 강력한 신을 믿고 있어서 신께서 모든 앞길을 밟아도 아프지 않을 꽃길로 만들어 주셔야 하는데 그런 종교는 없는 것 같다. 아니 오히려 부처님은 피할 것 같지도 않다. 하나님은 역경을 이겨낼 기회를 주신다고 하지 않나? 그렇다면, 역경을 주신다는 거니까 이쪽(?)도 아니다. 여하튼 살면서 피할 수 있는 것도 아니고, 학교가 작은 사회라면, 적당한 크기로, 학생이 받아들일 수 있는 고통, 고난, 역경, 인내가 주어져야 하는 게 아닐까 한다. 나는 그게 야자였다고 본다. 게다가 학습이라는 대의명분(…)까지 있었으니 완벽한 고통(…)이었다. 야간자율학습이란 말 자체가 별로긴 하다. 자율이라는 말을 여러 가지로 해석할 수 있기 때문이었고, 그래서 자기주도학습이란 말로 변경된 것은 참 좋다. 게다가 우리나라 교육과정에서 원하는 인간상과 완벽히 맞아떨어지니, 결국 사람들은 언제나 그렇듯 답(?)을 찾아 학생들을 고생시키고 있다. 하지만 이제 야자를 하는 학생은 손에 꼽는다. 조금 아쉬운 마음이 드는 것은 어쩔 수 없다. 하지만 시대가 변하고 있으니, 그것도 어쩔 수 없다.

고통, 고난, 역경, 인내를 통해 얻는 것은 어려움을 극복하는 힘(요즘엔 회복 탄력성)이다. '나를 죽이지 못하는 고통은 나를 성장하게 만들 뿐!'이 거짓인 건 나도 잘 안다. 어떤 형태로든 상처가 남고, 고통과 고난을 기억하게 된다. 하지만 상처에 새살이 돋아나듯 회복하는 힘이 있는지 없는지 알 수 있으려면 결국 상처가 나봐야 한다. 학생들을 아끼고 사랑하는 마음에 편안한 길을 만들어 주는 것도 이해가 되지만, 어느 상처에 회복할 수 있는지 적당히 경험하도록 해서, 피할 것인지 말 것인지도 생각할 수 있도록 만들어 주는 일도 중요하다. 아기에게 이유식이 필요하듯, 학생에게도 적당히 극복할 수 있는 어려운 경험이 필요하다. 모든 사람이 스스로 일어서야 하듯, 모든 학생은 스스로 일어서야 한다. 도움이 필요한 경우도 있지만, 시련이 필요한 경우도 있다. 학교를 졸업하고 사회로 나아갈 학생들이 건강한 사회인이 될 수 있도록 건강한 실패의 경험, 건강한 고통(…이게 말이 되는지는 모르겠다)들이 쌓일 수 있는 기회를 학생들에게 주는 것도 교사가 해야 할 일일 것이다.

"(과거의 자신을 바라보며) 네 앞엔 몇 가지 선택들이 있었어, 무엇이 더 나았던 건지는 잘 모르겠다. (중략) 많이… 힘들었지? 고생 많았다. 네 앞에 놓여 있던 이런저런 미래 중에 날 선택해 줘서… 정말 고마워" -《덴마》더 퀸 챕터 23. The knight 155화

4. 에필로그

입학식

 매년 입학식은 어쩔 수 없이 긴장된다. 내가 담당하게 된 업무, 학년, 과목에 대한 기대와 걱정뿐만 아니라, 새로운 학생들은 어떤 모습일까도 나를 긴장하게 만든다. 실은 새로울 것도 없다. 요즘 학교에서는 신입생들을 2월에 학교로 부른다. 오리엔테이션이라는 이름으로 신입생들을 한자리에 모으고, 이런저런 이야기를 한 뒤에 "입학식 때 봅시다"라고 인사하며 집으로 돌려보낸다. 그때 이미 새 학년의 분위기가 어떨지 예상한다. 하지만 "이제 출발합니다!" 하는 자리는 언제나 긴장되기 마련이다.

 교사들을 소개하는 시간이 되면, 어떻게 인사를 할지 조금 더 시뮬레이션해 본다. 허리는 어느 정도로 숙일 것인지, 다른 선생님들을 소개할 때 박수는 얼마나 칠 것인지, 서 있을 때 손이 어색하지 않으려면 어떻게 할 것인지 이런저런 생각을 해본다. 몇 번이나 해

본 일이지만 1년마다 하니 매번 새롭다.

또 걱정되는 것은, 학생들의 반응이다. 새로 전입 간 학교에서는 아무도 소리를 지르지 않지만, 1년이라도 근무했으면 학생들은 어떤 식으로든 반응한다. 좋아하는 선생님이 나오면 떠나갈 듯이 소리를 치고, 박수를 치고, 난리를 친다. 하지만 이런저런 상호작용이 없는 한 해였다면, 그저 박수 소리가 있을 뿐이다. 지난 1년이 단순하게 평가받아 버리는 것 같아 또 긴장된다.

이제 내 차례가 되어 1년을 함께할 선생님들과 함께 자리에 선다. 차례대로 순서가 오고, 몇몇 선생님들에 대한 환호성이 지나가고 나면, 이제 내 차례가 온다. 시뮬레이션했던 대로 인사를 해본다. 잘되었는지는 알 수 없이, 학생들의 박수 소리를 들으며 다시 원래 자리로 돌아온다. 담임일 때는 그래도 자기 반 담임이라고 소리를 쳐준다. 귀여운 녀석들. 인사가 끝나고 나면 다시 원래 자리로 돌아간다.

교장선생님의 훈화 말씀을 학생들과 같이 듣고 나면 학생들은 교실로 돌아간다. 나도 자리로 가기 전에 다시 한번 옷차림을 정리해 본다. 담임교사가 되었다면, 첫마디는 무엇을 할 것이었는지 다시 떠올려 본다. "너희는 이제 죽었어!"라고 할지, "내 소문은 잘 들었니?"라고 할지, "앞으로 잘 부탁한다!"라고 할지 고민해봤자 어차피 느닷없는 말을 하게 될 걸 알지만, 그래도 고민해 본다. 업무만 담당하게 되었다면, 선생님들께 보낼 첫 메시지는 뭐였지 하고 생각해 본다. 천천히 걸어가면서 나는 올해 어떤 교사가 될 수 있을지 기대하며 자리로 들어간다.

졸업식

    졸업식을 맞이한 학생들은 지난 3년이 정리되었다. 더불어, 졸업식을 맞이한 학생들은 지난 12년이 정리되었다. 졸업하는 학생의 손에는 졸업장과 졸업앨범이 들려 있고, 들뜬 모습이 역력하다. 지난 1년, 혹은 지난 3년을 되돌아보는 시간을 갖고 송사와 답사, 교장선생님의 훈화가 끝나고 나면 이제 교가를 부르고 졸업식이 끝난다.

    어느 해에는 눈이 펑펑 내렸고, 나는 졸업식을 보지 못했다. 가파른 길을 올라가야 하는 차량을 통제하고, 걸어서 올라가라는 안내를 맡아야 했다. 교문 밖 도로 끝에 서서, 구두 끝에 쌓였다가 흘러내리는 눈을 보면서, 다시 해보기는 쉽지 않은 경험이겠지 하며 이런저런 생각을 했다. 또 다른 해에도 졸업식을 보지 못했다. 고3 담임도 아니고, 젊은 남자 선생님이라 밖에서 주차 안내를 맡아야 했다. "아니, 중간중간 들어와서 몸 좀 녹이지 계속 밖에 있었어? 추운 데서 고생 많았어"라는 선배 교사의 한마디를 받아, 마음에 간직해 본다. 대체로 고3 담임이 아니면 젊은 남자 선생님이라서 주로 밖에 있어야 했다. 젊은 여자 선생님들은 대체로 졸업장이나 상장을 졸업식 중간중간 전달해 주는 역할을 맡기도 했다. 요즘은 업무 분장에 따라 남자든 여자든, 나이와도 상관없이 한다.

고3 담임을 담당한 해의 졸업식은, 학생들과 인사하는 시간을 갖는다. 여전히 나는 안아주지 못한다. 그동안 고생한 모습들을 봤고, 어떤 노력을 했는지 지켜본 학생들이 내 눈앞에 나타났다가 옆으로 사라진다. 가벼운 악수와 함께 "고생했다"라는 말을 해본다. 그렇게 하나둘 인사를 하다가도 느닷없이 나를 폭 안아버리는 학생들도 있다. 잠시 당황하고, "고생했다"라는 똑같은 말을 학생에게 건넨다. 다시, 학생들에게 가벼운 악수와 함께 "고생했다"는 말을 해본다.

졸업하는 학생들을 보면서, 그 학생들과 있었던 추억들도 되돌아본다. 수학여행, 소풍, 아침 조회 때 있었던 일들, 사진을 찍었던 일들, 체육대회, 같이 수다를 떨던 일들을 떠올리며 학생들도 같은 추억을 떠올려 주길 바란다. 수업이 기억나지 않는 건 학생도 나도 마찬가지라며, 혼자 살짝 미소 지어본다.

담임교사라면 이제 마지막으로 해야 할 말을 생각하며 교실로 들어간다. 매년 조금씩 하는 말이 바뀐다. 첫해에는 "행복해져야 한다"라고 마무리했다. 행복해지는 게 인생의 목표니까 행복해야 한다고 말했다. 점차 시간이 지나면서 "인생을 즐겨야 한다"라고 말하게 됐다. 인생을 즐기는 방법은 너희가 찾아야 한다고 말했다. 또다시 시간이 흐르면서 나는 다른 말을 덧붙였다. "인생은 재미와 의미다(케이블 채널 슬로건이었다는 것을 말할 때도 있고, 아닐 때도 있다). 재미만 있어도 안 되고, 의미만 있어도 안 된다. 인생을 즐기려면, 웃을 수 있을 때 조금 더 웃고, 울 수 있을 때 조금 더 울어라"라고 말했다. 앞으로는 또 어떤 말을 하게 될지 알 수 없지만, 분명 더 길어질 것이다. 나이가 들면서(아직 젊다고 주장하지만) 하고 싶은 말이 더 많아진 걸 보면 분명 더 길어지겠지. 그러고는 마지막 사진을 찍는다. 다 함께 기념사진을 찍고, 몇몇 아이들이 더 늦게까지 남아 사진을 찍고 간다. 마지막 이야기가 끝나자마자 해맑게 튀어 나가는 학생도 있고, 펑펑 울다가 훌쩍이며 가는 학생도 있다. '마지막 말을 잘 지켜주는군' 하고 생각한다.

 아이들(이제는 학생이 아니다)이 가고 남은 자리를 바라보며 생각한다. 나는 어떤 교사였는가. 나는 아이들에게 선택받았을까. 아이들의 기억에 나는 어떤 모습으로 남을까. 나는 '참되거라 바르거라' 이야기했는가. 잘못을 저질러 상처를 주지는 않았는가. 사회에서 잘 살아갈 수 있는 에너지(지식, 태도, 역량, 감정 등등)를 충분히 주었는가. 어떤 생각에도 긍정의 대답이 쉽게 나오지 않는다. 매번 아쉽다고만 생각하는 나는 어떻게 해야, 언제쯤 돼야 긍정의 대답을 하게 될까 하고 생각한다.

  아직 나는 끝나지 않았다. 해온 날보다, 해야 할 날이 훨씬 더 많고, 만난 학생들보다, 만나야 할 학생들이 훨씬 더 많다. 교사로 살아온 날보다, 교사로 살아갈 날이 더 많다. 나와 만났던 학생들 중에서 나를 선생, 스승으로 생각하는 학생이 없어도, 어쩌면 앞으로 만나야 할 학생들 중에서도 나를 선생, 스승으로 생각하는 학생이 없더라도, 그래서 영영 선생, 스승이 될 수 없다고 하더라도(이미 그렇게 생각하고 있다), 나는 아이들과 만날 것이다.

  불가능하지만 긍정적인 꿈을 목표로 노력하는 것은 헛된 일이 아니니, 끝나는 그날까지, 교사이길 포기하지 말고, 선생을 넘어, 스승이 되는 노력을 해보자고, 아이들이 없는 교실에서 다짐한다.

  입학식을 기다린다.

교사 선생 스승

초판 1쇄 발행　2024. 12. 20.

지은이　K-교사
펴낸이　김병호
펴낸곳　주식회사 바른북스

편집진행　김재영
디자인　양헌경

등록　2019년 4월 3일 제2019-000040호
주소　서울시 성동구 연무장5길 9-16, 301호 (성수동2가, 블루스톤타워)
대표전화　070-7857-9719 | **경영지원**　02-3409-9719 | **팩스**　070-7610-9820

•바른북스는 여러분의 다양한 아이디어와 원고 투고를 설레는 마음으로 기다리고 있습니다.

이메일　barunbooks21@naver.com | **원고투고**　barunbooks21@naver.com
홈페이지　www.barunbooks.com | **공식 블로그**　blog.naver.com/barunbooks7
공식 포스트　post.naver.com/barunbooks7 | **페이스북**　facebook.com/barunbooks7

ⓒ K-교사, 2024
ISBN 979-11-7263-198-7 03810

•파본이나 잘못된 책은 구입하신 곳에서 교환해드립니다.
•이 책은 저작권법에 따라 보호를 받는 저작물이므로 무단전재 및 복제를 금지하며,
　이 책 내용의 전부 및 일부를 이용하려면 반드시 저작권자와 도서출판 바른북스의 서면동의를 받아야 합니다.